北京市中小学生
运动技能等级标准

北京市中小学体育运动协会　审定

北京体育大学出版社

策划编辑：郭英俊　　曾　莉
责任编辑：张志富
责任校对：吴海燕
版式设计：高文函

图书在版编目（CIP）数据

北京市中小学生运动技能等级标准 / 北京市中小学体育运动协会审定. -- 北京：北京体育大学出版社，2022.8
ISBN 978-7-5644-3616-2

Ⅰ. ①北… Ⅱ. ①北… Ⅲ. ①运动技术—达标（体育）—中小学—教学参考资料 Ⅳ. ① G633.963

中国版本图书馆 CIP 数据核字（2022）第 044531 号

北京市中小学生运动技能等级标准
BEIJINGSHI ZHONGXIAOXUESHENG YUNDONGJINENG DENGJI BIAOZHUN

出版发行：北京体育大学出版社
址　　址：北京市海淀区农大南路 1 号院 2 号楼 2 层办公 B-212
邮　　编：100084
网　　址：http: //cbs.bsu.edu.cn
发 行 部：010-62989320
邮 购 部：北京体育大学出版社读者服务部 010-62989432
印　　刷：唐山玺诚印务有限公司
开　　本：880mm × 1230mm　1/32
成品尺寸：145mm × 210mm
印　　张：4.875
字　　数：137 千字
版　　次：2022 年 8 月第 1 版
印　　次：2022 年 8 月第 1 次印刷
定　　价：30.00 元

编委会名单

序

用运动技能标准指引
青少年奔向健康中国

欣闻北京市中小学体育运动协会的同仁们制定了《北京市中小学生运动技能等级标准》，心情非常激动，一是为这些学校体育人的事业心和责任感所感动，二是为我们期盼已久的中小学生运动技能等级标准的诞生而兴奋。这份感动和兴奋并非无缘无故，它源自多年来对学校体育发展问题的沉重思考，源自对目前学校体育课程教学改革与发展困局的忧虑。

于是，坚定地推动“教会、勤练、常赛”成为了全体学校体育人的共识，用运动技能等级标准“倒逼”体育课程教学的深度改革，也必然成为众多学校体育人的努力方向。不同年龄段怎样才算掌握了某项运动技能，《北京市中小学生运动技能等级标准》就准确地回答了这个问题。使用本书中的标准将会极大地促进和激发中小学生参加体育锻炼的积极性和主动性，为促进中小学生进行体育锻炼开辟了一条新路径，使国家提出的中小学生掌握一至两项运动技能有了抓手。但制定各个项目的运动技能标准绝非易事，各个运动项目的技能技巧存在于身体素质、专项技能、战术运用、赛场心理以及竞技状态的复杂要素之中，仅靠可量化的速度、力度、远度难以完全概括，仅靠得分胜负难以清晰判断优劣，仅靠动作规范优美难以全面评价，且运动项目不同，差异巨大。然而此难关不突破，未来的“体育走班制”教学将难以衡量教学效果与质量，未来的“体育中考”就会永远在身体素质的指标以及不能真实反映运动技能的“绕杆跑”之类的测试里打转转。

于是，终有一群有责任心的学校体育人向《北京市中小学生运动技能等级标准》发起了攻坚之战，可喜的是，这个难关经过北京市中小学体育运动协会研究团队的老师们数年的实证性研究开始破城，研究成果《北京市中小学生运动技能等级标准》一书即将出版。诚然，这个研究成果还有不足之处，还有难关有待攻坚，但是这个研究及背后的思路和研究方法论却一定是个重要的突破和启迪。无论怎样讲，这都是一个重要的研究创新和可喜的成果。

有了这样的标准，体育课程教学的质量就有了“钢尺子”，中考体育就有了“专项技能”的新内容，“教会、勤练、常赛”就有了目标和动力，而学生们运动技能的掌握就有了保障。有了运动技能的广大中小学生必定会带动新时代的终身体育热潮，而终身体育的热潮一定会成为健康中国、体育强国、文化强国的强大推动力。

我坚信《北京市中小学生运动技能等级标准》定会引领青少年们奔向健康中国。再次向为北京市中小学生做出贡献的体育同仁们表示敬慕和感谢！

是为序。

北京师范大学教授、博士生导师

北京市学校体育联合会首席专家、名誉会长

全国学校体育联盟（教学改革）主席

2020 年 11 月 30 日

编者的话

在党中央、国务院、教育部有关促进青少年健康发展的各种文件精神指导下，我协会充分认识到青少年体质健康，是关系民族兴旺、国家发展的重大问题，更是一个国家的百年大计。但是，如何激发青少年学生积极踊跃地参加体育锻炼，以什么为切入点来实施，一直以来是困扰我们的问题。经过我协会长时间的思考与组织各方面的专家共同研究，最终我们在把握好科学性、权威性、针对性、综合性和可操作性的基础上，决定研制《北京市中小学生运动技能等级标准》，用标准来带动和激励广大青少年学生积极主动参与体育锻炼，为青少年学生参加体育锻炼开辟一条新路径。与此同时，我们咨询了有关部门和专业人士并得到相关领导的大力支持，大家一致认为制定《北京市中小学生运动技能等级标准》是北京市中小学体育运动协会的职能所在，理所应当是我们的职责和义务。《北京市中小学生运动技能等级标准》的出版不仅能让“2+1”工程的落地有了抓手，还能解决以往解决不了的几个问题：第一，怎样才叫掌握了运动技能；第二，掌握了什么项目的运动技能；第三，什么年龄段或哪个年级掌握什么难度的等级的运动技能。运动技能等级标准就能把以上问题准确地框定下来，做到了有标准可依。

通过实施运动技能等级标准，可以专门组织市区级的各项运动技能等级标准的通达赛，不但丰富了市区级竞赛项目的内容，还能解决各级竞赛学生人数不足和只有少数学生才能参赛的问题，还可以举办与运动技能等级相近的各项赛事活动。这样可以使竞赛更具有竞争性、观赏性和趣味性，也可提高学生参与体育锻炼的兴趣和积极性。

学生达到运动技能等级标准后，由北京市中小学体育运动协会颁发运动技能等级标准合格证书。之后，我协会就能够不断地积累各项目达标的数据，以便相关部门和学校及时了解学生掌握各项运动技能的情况。

在标准的研制过程中多位专家学者付出极大心血，才使本书得以出版发行。在此，我对各位专家学者的辛勤工作表示感谢。标准的推行与实施还需要广大中小学体育工作者通力合作，把好事办好，为提升学生体质健康水平，为民族兴旺发达，为国家拥有更美好的未来做出我们的贡献！

北京市中小学体育运动协会会长

王时

目录

北京市中小学生
田径运动技能等级标准

一、评定标准简介

田径各个项目根据中小学生的身心特点分为 1~6 级。在相应的场地测试，完成该等级规定的其中一项内容，即达到相应等级。

二、评定内容

评定内容		1 级	2 级	3 级	4 级	5 级	6 级
短跑	50 米（男、女）	√	√	√	√	√	√
	100 米（男、女）				√	√	√
中长跑	400 米（男、女）		√	√			
	800 米（女）				√	√	√
	1000 米（男）				√	√	√
	1500 米（男）				√	√	√
跨栏跑	50 米跨栏（男、女）				√	√	√
	100 米跨栏（女）				√	√	√
	110 米跨栏（男）				√	√	√
跳远	跳远（男、女）		√	√	√	√	√
	三级跳远（男、女）				√	√	√
跳高	跳高（男、女）		√	√	√	√	√
投掷	沙包掷远（男、女）	√	√	√			
	铅球（男、女）				√	√	√

三、等级标准与测试方法

（一）短跑

50 米（男生）

等级	1 级	2 级	3 级	4 级	5 级	6 级
成绩	12.6 秒	10.5 秒	9.7 秒	7.5 秒	7.0 秒	6.4 秒

50 米（女生）

等级	1 级	2 级	3 级	4 级	5 级	6 级
成绩	12.8 秒	11.0 秒	10.0 秒	8.4 秒	8.2 秒	7.6 秒

100 米（男生）

等级	1 级	2 级	3 级	4 级	5 级	6 级
成绩				15.2 秒	14.3 秒	12.3 秒

100 米（女生）

等级	1 级	2 级	3 级	4 级	5 级	6 级
成绩				16.8 秒	16.4 秒	14.3 秒

（二）中长跑

400 米（男生）

等级	1 级	2 级	3 级	4 级	5 级	6 级
成绩		1 分 47 秒	1 分 35 秒			

400 米（女生）

等级	1 级	2 级	3 级	4 级	5 级	6 级
成绩		2 分	1 分 41 秒			

800 米（女生）

等级	1级	2级	3级	4级	5级	6级
成绩				3分35秒	3分31秒	3分02秒

1000 米（男生）

等级	1级	2级	3级	4级	5级	6级
成绩				3分47秒	3分37秒	3分08秒

1500 米（男生）

等级	1级	2级	3级	4级	5级	6级
成绩				6分15秒	5分54秒	5分01秒

（三）跨栏跑

50 米跨栏（男生）

等级	1级	2级	3级	4级	5级	6级
成绩				12.0秒	10.8秒	8.8秒

50 米跨栏（女生）

等级	1级	2级	3级	4级	5级	6级
成绩				15.0秒	13.7秒	12.4秒

	栏高			起点到第一个栏			栏间		
	4级	5级	6级	4级	5级	6级	4级	5级	6级
男生	76厘米	76厘米	84厘米	900厘米	900厘米	900厘米	750厘米	750厘米	850厘米
女生	76厘米	76厘米	76厘米	900厘米	900厘米	900厘米	700厘米	700厘米	750厘米

说明：50 米跨栏的设置标准。

100 米跨栏（女生）

等级	1 级	2 级	3 级	4 级	5 级	6 级
成绩				26.0 秒	25.4 秒	19.0 秒

110 米跨栏（男生）

等级	1 级	2 级	3 级	4 级	5 级	6 级
成绩				25.6 秒	24.3 秒	18.6 秒

	栏高			起点到第一个栏			栏间		
	4 级	5 级	6 级	4 级	5 级	6 级	4 级	5 级	6 级
男生	84 厘米	84 厘米	91.4 厘米	1372 厘米	1372 厘米	1372 厘米	890 厘米	890 厘米	914 厘米
女生	76 厘米	76 厘米	84 厘米	1300 厘米	1300 厘米	1300 厘米	850 厘米	850 厘米	850 厘米

说明：100 米跨栏、110 米跨栏的设置标准。

（四）跳远

跳远（男生）

等级	1 级	2 级	3 级	4 级	5 级	6 级
成绩		2.52 米	3.31 米	4.13 米	4.5 米	5.4 米

跳远（女生）

等级	1 级	2 级	3 级	4 级	5 级	6 级
成绩		2.20 米	2.71 米	3.35 米	3.65 米	4.3 米

三级跳远（男生）

等级	1 级	2 级	3 级	4 级	5 级	6 级
成绩				7.9 米	9.1 米	11.9 米

三级跳远（女生）

等级	1 级	2 级	3 级	4 级	5 级	6 级
成绩				6.4 米	7.4 米	9.3 米

（五）跳高

跳高（男生）

等级	1 级	2 级	3 级	4 级	5 级	6 级
成绩		0.73 米	0.99 米	1.23 米	1.38 米	1.54 米

跳高（女生）

等级	1 级	2 级	3 级	4 级	5 级	6 级
成绩		0.66 米	0.87 米	1.09 米	1.24 米	1.36 米

（六）投掷

沙包掷远（男生）

等级	1 级	2 级	3 级
成绩	13 米	17 米	21 米

说明：1 级所用沙包为 150 克，2、3 级所用沙包为 250 克。

沙包掷远（女生）

等级	1 级	2 级	3 级
成绩	9 米	11 米	13 米

说明：1 级所用沙包为 150 克，2、3 级所用沙包为 250 克。

铅球（男生）

等级	4 级	5 级	6 级
成绩	7.20 米	7.90 米	10.30 米

说明：4 级所用铅球重量为 4 千克，5、6 级所用铅球重量 5 千克。

铅球（女生）

等级	4 级	5 级	6 级
成绩	5.80 米	5.60 米	8.50 米

说明：4 级所用铅球重量为 3 千克，5、6 级所用铅球重量为 4 千克。

北京市中小学生
足球运动技能等级标准

一、评定标准简介

足球项目共划分为 1~6 级。在相应的场地测试，完成该等级规定的全部内容，即达到相应等级。

二、评定内容

评定内容		1 级	2 级	3 级	4 级	5 级	6 级
球性	双脚交替原地踩球	√					
	双脚内侧拨球		√				
颠球	6 部位颠球			√			
	7 部位颠球				√		
	任意 8 部位颠球					√	√
运球	20 米绕杆运球		√				
	20 米不等距绕杆运球			√	√		
	运控球射门					√	√
带球	10 米往返运球跑	√					
脚内侧传 / 接球	5 米地滚球传准	√					
	8 米地滚球传准		√				
	10 米传接球（地滚）			√			
	传接球				√		
长传球	长传球（踢准）					√	√
头顶球	头顶球（九宫格）						
比赛	小场地比赛（3 对 3）	√					
	小场地比赛（5 对 5）		√	√			
	小场地比赛（8 对 8）			√	√	√	
	比赛（11 对 11）				√	√	√

三、等级标准与测试方法

（一）1 级标准

双脚交替原地踩球

双脚交替原地踩球评分标准	
男生	11 次
女生	11 次

1. 测试场地：足球场。

2. 测试器材：足球若干个。

3. 测试方法：用左、右脚前脚掌交替踩踏球体上部，计踩球次数。每人两次机会，取最好成绩。

10 米往返运球跑

10 米往返运球跑评分标准	
男生	10.69 秒
女生	10.69 秒

1. 测试场地：足球场。

2. 测试器材：足球若干个，标志桶，秒表。

3. 测试方法：学生听口令从起始线开始快速运球，绕过距离起始线 10 米处的标志桶后运球返回，脚踩球于起始线上结束。球动开表，踩球触线停表，每人两次机会，取最好成绩。

5 米地滚球传准

5 米地滚球传准评分标准	
男生	6 分
女生	6 分

1. 测试场地：足球场。

2. 测试器材：1.5 米 ×1 米 3 个足球门，足球若干个。

3. 测试方法：在起始线上向距起始线 5 米处的 3 个足球门传球，球门大小是 1.5 米 ×1 米，球门和球门之间相距 0.5 米。每人 5 球，传进中间球门得 1 分，传进两侧任意球门得 2 分。把每个球传入球门的分数累计相加得出最后分数。每人两次机会，取最好成绩。

小场地比赛（3 对 3）

小场地比赛评分标准	
男生	6 分
女生	6 分

1. 比赛场地：20 米 ×15 米。

2. 比赛形式：3 人制。

3. 比赛用球：3 号球。

4. 比赛时间：15 分钟。

5. 比赛规则：参考国际足联制定的《足球竞赛规则》。

6. 比赛评分：3 名专家组成评分组，对学生进行比赛评分，以全队的平均分作为该队每一名学生的最终比赛评分。

7. 具体表现描述：跑动积极，充分感受足球的快乐，拥有基本的进攻及防守意识。

（二）2 级标准

双脚内侧拨球

双脚内侧拨球评分标准	
男生	50 次
女生	50 次

1. 测试场地：足球场。
2. 测试器材：足球若干个，秒表。
3. 测试方法：用左、右脚内侧连续交替横拨球，计 30 秒拨球次数。每人测两次，取最好成绩。

20 米绕杆运球

20 米绕杆运球评分标准	
男生	8.9 秒
女生	8.9 秒

1. 测试场地：足球场。
2. 测试器材：足球若干个，标志杆，秒表。
3. 测试方法：按图在足球场上摆放好标志杆，学生从起始线运球开始，依次绕过标志杆，以运球通过终点线为结束。球动开表，运球通过终点停表。每人两次机会，取最好成绩。

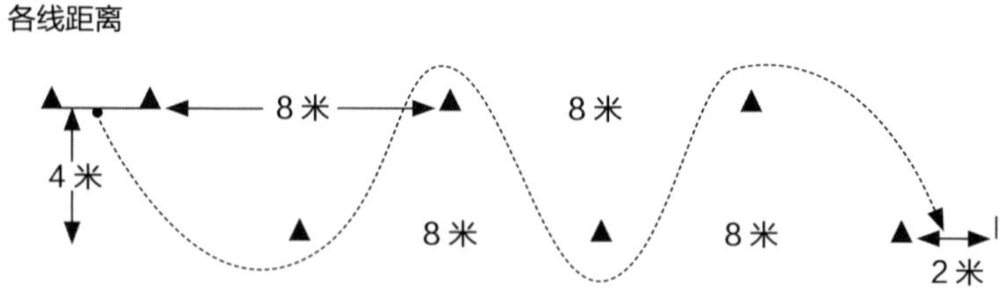

8 米地滚球传准

8 米地滚球传准评分标准	
男生	6 分
女生	6 分

1. 测试场地：足球场。

2. 测试器材：足球若干个，1.5 米 ×1 米足球门 3 个。

3. 测试方法：在起始线上向距起始线8米处的3个足球门用脚推传球，球门大小是1.5米×1米，球门和球门之间相距0.5米。每人5球，传进中间球门得1分，传进两侧任意球门得2分。把每个球传入球门的分数累计相加得出最后分数。每人两次机会，取最好成绩。

小场地比赛（5 对 5）

小场地比赛（5 对 5）评分标准	
男生	6 分
女生	6 分

1. 比赛场地：25 米 ×20 米。

2. 比赛形式：5 人制。

3. 比赛用球：4 号球。

4. 比赛时间：20 分钟。

5. 比赛规则：参考国际足联制定的《足球竞赛规则》。

6. 比赛评分：由 3 名专家组成评分组，以 10 分为最高分对学生进行比赛评分，以全队的平均分作为该队每一名学生的最终比赛评分。

7. 具体表现描述：跑动积极、自信、勇敢，有简单配合意识。

（三）3 级标准

6 部位颠球

6 部位颠球评分标准	
男生	6 分（1 部位 1 分）
女生	6 分（1 部位 1 分）

1. 测试场地：7 米 ×7 米足球场区。

2. 测试器材：足球若干个，秒表。

3. 测试方法：在 7 米 ×7 米的足球场区内轮流用 6 部位颠球，左、右脚背正面，左、右脚内侧，左、右大腿，各部位触球顺序不限。2 分钟内记录 6 部位颠球次数，球落地或颠出规定区域则停止测试。颠球过程中，可以用其他有效部位调整，但不计入颠球数量。每人两次机会，取最好成绩。

20 米不等距绕杆运球

20 米不等距绕杆运球评分标准	
男生	9 秒
女生	10 秒

1. 测试场地：足球场。

2. 测试器材：足球若干个，标志杆，秒表。

3. 学生从起始线开始运球出发，依次绕过不低于 1.5 米、间隔 2~3 米的 8 个标志杆，以通过终点线后踩住球为结束。每人两次机会，取最好成绩，漏杆则成绩无效。

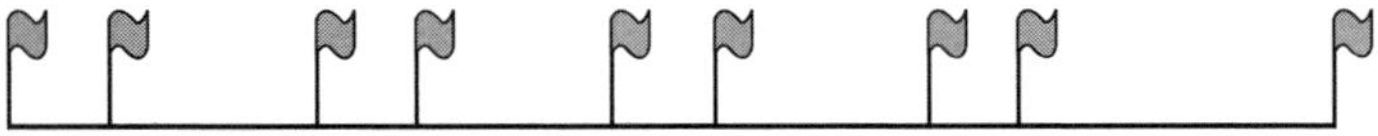

10 米传接球（地滚）

10 米传接球（地滚）评分标准	
男生	17 次
女生	17 次

1. 测试场地：足球场。

2. 测试器材：足球若干个，标志圈 2 个。

3. 测试方法：在相距 10 米的两端各有一个直径 2 米的圆圈，两人各在一个圈内进行地滚球的传接球。不能停球调整，要一脚出球，计连续传接球的次数。传球过程中球传出区域则重新开始。每组两次机会，取最好成绩。

小场地比赛（5 对 5）

小场地比赛（5 对 5）评分标准	
男生	6 分
女生	6 分

1. 比赛场地：25 米 ×20 米足球场区。
2. 比赛形式：5 人制。
3. 比赛用球：4 号球。
4. 比赛时间：20 分钟。
5. 比赛规则：参考国际足联制定的《足球竞赛规则》。
6. 比赛评分：由 3 名专家组成评分组，以 10 分为最高分对学生进行比赛评分，以全队平均分作为该队每一名学生的最终比赛评分。
7. 具体表现：跑动积极主动，配合意识强，有空间感，能够完成规范的技术动作。

小场地比赛（8 对 8）

小场地比赛（8 对 8）评分标准	
男生	6 分
女生	6 分

1. 比赛场地：90 米 ×50 米足球场区。
2. 比赛形式：8 人制。
3. 比赛用球：4 号球。
4. 比赛时间：25 分钟。
5. 比赛规则：参考国际足联制定的《足球竞赛规则》。
6. 比赛评分：由 3 名专家组成评分组，以 10 分为最高分对学生进行比赛评分，以全队平均分作为该队每一名学生的最终比赛评分。
7. 具体表现：有阵型，能够与同伴进行配合。能够较好地理解战术意图。技术运用较为合理。

（四）4 级标准

7 部位颠球

7 部位颠球评分标准	
男生	7 分（1 部位 1 分）
女生	7 分（1 部位 1 分）

1. 测试场地：7 米 ×7 米足球场区。

2. 测试器材：足球若干个，秒表。

3. 测试方法：在 7 米 ×7 米的足球场区内用 7 部位颠球，左、右脚背正面，左、右脚内侧，左、右大腿，头，各部位触球顺序不限。2 分钟内记录 7 部位颠球次数，球落地或颠出规定区域则停止测试。颠球过程中，可以用其他有效部位调整，但不计入颠球数量。每人两次机会，取最好成绩。

20 米不等距绕杆运球

20 米不等距绕杆运球评分标准	
男生	8 秒
女生	9 秒

1. 测试场地：足球场。

2. 测试器材：足球若干个，标志杆，秒表。

3. 学生从起始线开始运球出发，依次绕过不低于 1.5 米、间隔 2~3 米的 8 个标志杆，以通过终点线后踩住球为结束。每人两次机会，取最好成绩，漏杆则成绩无效。

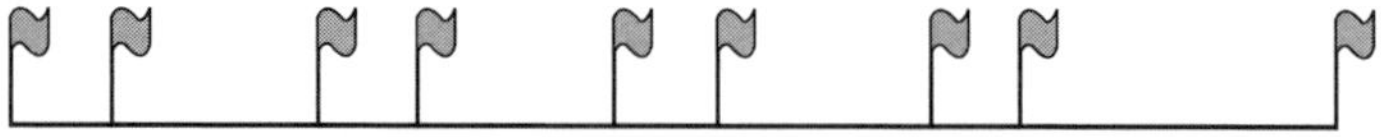

20 米

传接球

传接球评分标准	
男生	9 次
女生	9 次

1. 测试场地：3 米 ×3 米足球场区。

2. 测试器材：足球若干个，秒表。

3. 测试方法：在3米×3米区域内，学生在里面进行移动传接球。记1分钟传接球次数。每人两次机会，取最好成绩。

小场地比赛（8 对 8）

小场地比赛（8 对 8）评分标准	
男生	6 分
女生	6 分

1. 比赛场地：90 米 ×50 米足球场区。

2. 比赛形式：8 人制。

3. 比赛用球：4 号球。

4. 比赛时间：25 分钟。

5. 比赛规则：参考国际足联制定的《足球竞赛规则》。

6. 比赛评分：由 3 名专家组成评分组，以 10 分为最高分对学生进行比赛评分，以全队平均分作为该队每一名学生的最终比赛评分。

7. 具体表现：有阵型，能够与同伴进行配合。能够较好地理解战术意图。技术运用较为合理。

比赛（11 对 11）

比赛（11 对 11）评分标准	
男生	6 分
女生	6 分

1. 比赛场地：标准足球场。

2. 比赛形式：11 人制。

3. 比赛用球：5 号球。

4. 比赛时间：30 分钟。

5. 比赛规则：参考国际足联制定的《足球竞赛规则》。

6. 比赛评分：由 3 名专家组成评分组，以 10 分为最高分对学生进行比赛评分。以全队的平均分作为该队每一名学生的最终比赛评分。

7. 具体表现：场上充满激情，能很好的利用空间。攻防意识突出。能够较为合理的运用技术动作。

（五）5 级标准

任意 8 部位颠球

任意 8 部位颠球评分标准	
男生	8 分（1 部位 1 分）
女生	8 分（1 部位 1 分）

1. 测试场地：足球场。
2. 测试器材：足球若干个。
3. 测试方法：轮流用身体多个有效部位完成连续颠球动作（左、右脚背正面，左、右脚内侧，左、右脚外侧，左、右大腿，左、右肩，胸，头）。各部位触球顺序不限，颠球过程中，可以用其他有效部位调整，但不计入颠球数量。记录颠球使用部位，球落地则停止测试。每人两次机会，取最好成绩。

运控球射门

运控球射门评分标准	
男生	10.29 秒
女生	11.40 秒

1. 测试场地：足球场。
2. 测试器材：足球若干个，旗杆，秒表。
3. 测试方法：起点至罚球弧顶端距离为 20 米。距起点线 4 米处插第 1 旗杆，第 1、2、3、4、5、6、7 旗杆间距为 2 米，第 7、8 旗杆间距为 4 米。球放在起点线，发令“开始”同时计时，学生运球依次绕过旗杆，当绕过最后一根旗杆后立即射门，射门必须在罚球区线前完成，球越过球门线停表。每人两次机会，取最好成绩；运球中漏杆、未在罚球区线前完成射门或未把球射进球门内不计成绩。如两次测试均没成绩，则补测一次作为最终成绩。

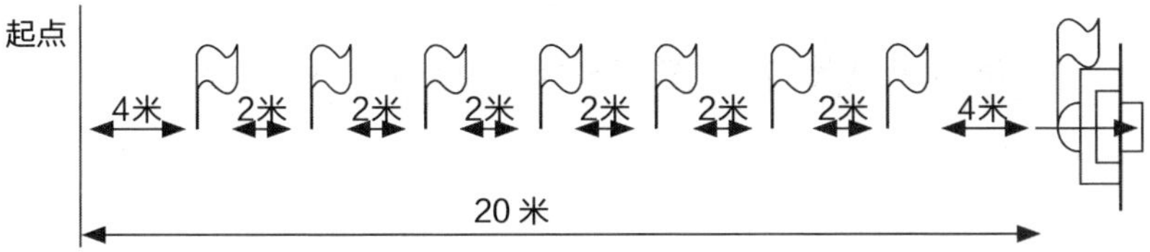

长传球（踢准）

长传球（踢准）评分标准	
男生	6 分
女生	6 分

1. 测试场地：足球场。

2. 测试器材：足球若干个，圆圈标志线。

3. 测试方法：从起点线向 25 米（女 20 米）处的直径分别为 2 米、3 米、4 米、5 米、6 米的圆圈内传球。球落入 6 米圈得 2 分、球落入 5 米圈得 4 分、球落入 4 米圈得 6 分、球落入 3 米圈得 8 分、球落入 2 米圈得 10 分，压线算进圈，以第一落点计算成绩。左、右脚不限，每人三次机会，取最好成绩，地滚球滚入和第一落点出圈不得分。

小场地比赛（8 对 8）

小场地比赛（8 对 8）评分标准	
男生	6 分
女生	6 分

1. 比赛场地：90 米 ×50 米足球场区。

2. 比赛形式：8 人制。

3. 比赛用球：4 号球。

4. 比赛时间：25 分钟。

5. 比赛规则：参考国际足联制定的《足球竞赛规则》。

6. 比赛评分：由 3 名专家组成评分组，以 10 分为最高分对学生进行比赛评分，以全队平均分作为该队每一名学生的最终比赛评分。

7. 具体表现：有阵型，能够与同伴进行配合。能够较好地理解战术意图。技术运用较为合理。

比赛（11 对 11）

比赛（11 对 11）评分标准	
男生	6 分
女生	6 分

1. 比赛场地：标准足球场。

2. 比赛形式：11 人制。

3. 比赛用球：5 号球。

4. 比赛时间：30 分钟。

5. 比赛规则：参考国际足联制定的《足球竞赛规则》。

6. 比赛评分：由 3 名专家组成评分组，以 10 分为最高分对学生进行比赛评分。以全队的平均分作为该队每一名学生的最终比赛评分。

7. 具体表现：场上充满激情，能很好的利用空间。攻防意识突出。能够较为合理的运用技术动作。

（六）6 级标准

任意 8 部位颠球

任意 8 部位颠球评分标准	
男生	8 分（1 部位 1 分）
女生	8 分（1 部位 1 分）

1. 测试场地：足球场。

2. 测试器材：足球若干个。

3. 测试方法：轮流用身体多个有效部位完成连续颠球动作（左、右脚背正面，左、右脚内侧，左、右脚外侧，左、右大腿，左、右肩，胸，头）。各部位颠球顺序不限，颠球过程中，可以用其他有效部位调整，但不计入颠球数量。记录颠球使用部位，球落地则停止测试，每人两次机会，取最好成绩。

运控球射门

运控球射门评分标准	
男生	10 秒
女生	11 秒

1. 测试场地：足球场。

2. 测试器材：足球若干个，旗杆，秒表。

3. 测试方法：起点至罚球弧顶端距离为 20 米。距起点线 4 米处插第 1 旗杆，第 1、2、3、4、5、6、7 旗杆间距为 2 米，第 7、8 旗杆间距为 4 米。球放在起点线，发令“开始”同时计时，学生运球依次逐个绕过旗杆，当绕过最后一根旗杆后立即射门，射门必须在罚球区线前完成，球越过球门线停表。每人两次机会，取最好成绩；运球中漏杆、未在罚球区线前完成射门或未把球射进球门内不计成绩。如两次测试均没成绩，则补测一次作为最终成绩。

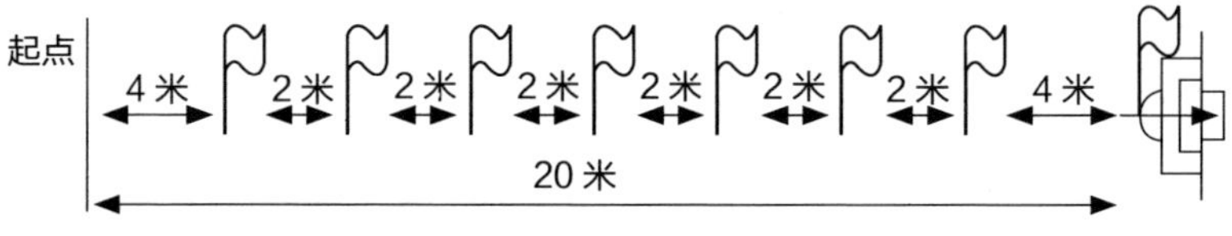

长传球（踢准）

长传球（踢准）评分标准	
男生	6 分
女生	6 分

1. 测试场地：足球场。

2. 测试器材：足球若干个，圆圈标志线。

3. 测试方法：从起点线向 25 米（女 20 米）处的直径分别为 2 米、3 米、4 米、5 米、6 米的圆圈内传球。球落入 6 米圈得 2 分、球落入 5 米圈得 4 分、球落入 4 米圈得 6 分、球落入 3 米圈得 8 分、球落入 2 米圈得 10 分，压线算进圈，以第一落点计算成绩。左、右脚不限，每人三次机会，取最好成绩，地滚球滚入和第一落点出圈不得分。

比赛（11 对 11）

比赛（11 对 11）评分标准	
男生	6 分
女生	6 分

1. 比赛场地：标准足球场。

2. 比赛形式：11 人制。

3. 比赛用球：5 号球。

4. 比赛时间：30 分钟。

5. 比赛规则：参考国际足联制定的《足球竞赛规则》。

6. 比赛评分：由 3 名专家组成评分组，以 10 分为最高分对学生进行比赛评分。以全队的平均分作为该队每一名学生的最终比赛评分。

7.具体表现：场上充满激情，能很好地利用空间。攻防意识突出。能够较为合理的运用技术动作。

北京市中小学生
篮球运动技能等级标准

一、评定标准简介

篮球项目共划分为 1~6 级。在相应的场地测试，完成该等级规定的全部内容，即达到相应等级。

二、评定内容

评定内容		1 级	2 级	3 级	4 级	5 级	6 级
运球	14 米直线往返运球	√					
	曲线运球		√	√			
传球	传球入圈	√	√	√			
	单手肩上（双手胸前）传接球				√		
投篮	抛球进篮	√					
	原地投篮		√				
	行进间高手投篮			√			
	一分钟内自投自抢					√	√
组合技术	组合动作	√					
	体前变向运球—行进间高手或低手投篮				√		
	运球过障碍—传接球—行进间投篮					√	√
比赛	半场 3 对 3 比赛		√	√	√	√	
	全场 5 对 5 比赛						√

三、等级标准与测试方法

（一）1 级标准

14 米直线往返运球

14 米直线往返运球评分标准	
男生	13 秒
女生	15 秒

1. 测试场地：在平坦、坚实且无障碍物的地面上，设置长 18 米、宽 3 米的测试区域。起点线前 14 米处设置 1 个标志桶。起点线中间 1 米区域为出发区。

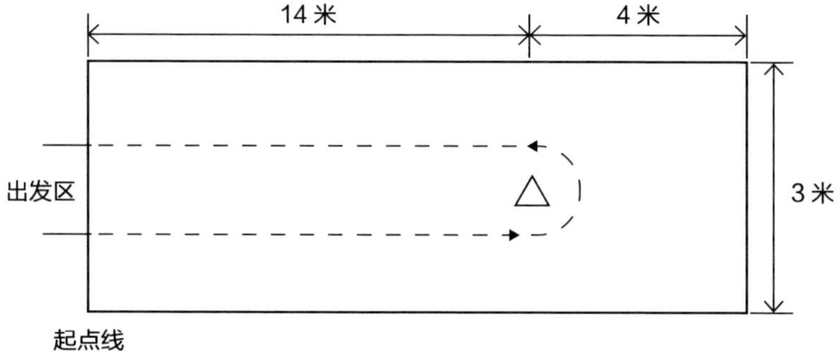

2. 测试器材：标准 5 号篮球至少 2 个，1 个测试用，其余备用；秒表 1 块；篮球裁判专用哨 1 个；测试用的橡胶标志桶 1 个。

3. 测试方法：学生持球站立在起点线的出发区，并做好出发准备。发令后，学生运球出发，同时开始计时。绕过标志桶返回，人与球均返回起点线，计时停止。运球过程中，学生失去对球的控制，但球未出测试场地，可自行捡回，在对球失去控制处继续运球，计时不停止。每人两次机会，取最好成绩。

传球入圈

传球入圈评分标准	
男生	6 个
女生	4 个

1. 测试场地：在平坦、坚实且无障碍物的地面上，设置长 4 米、宽 3 米的测试区域。传球线前 2.5 米处设置一个立式球筐，球筐的下端离地面 0.8 米，球筐直径 0.8 米。传球线中间 1 米区域为传球区。

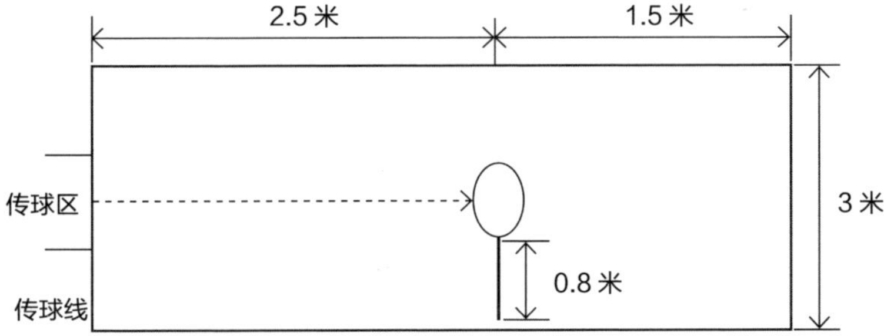

2. 测试器材：标准 5 号篮球至少 2 个，1 个测试用，其余备用；篮球裁判专用哨 1 个。

3. 测试方法：学生持球面向球筐，站在传球线后做好准备。发令后，学生按照原地双手胸前传球的动作要求传球，使球穿过球筐。每人传 10 次。每人两次机会，取最好成绩。

抛球进筐

抛球进筐评分标准	
男生	3 个
女生	2 个

1. 测试场地：在篮球场内。采用适合小学生使用的篮球架，篮筐高度为 2.35 米；在离篮筐的水平距离为 2.5 米处设置投篮线，投篮线中间 1 米区域为投篮区。

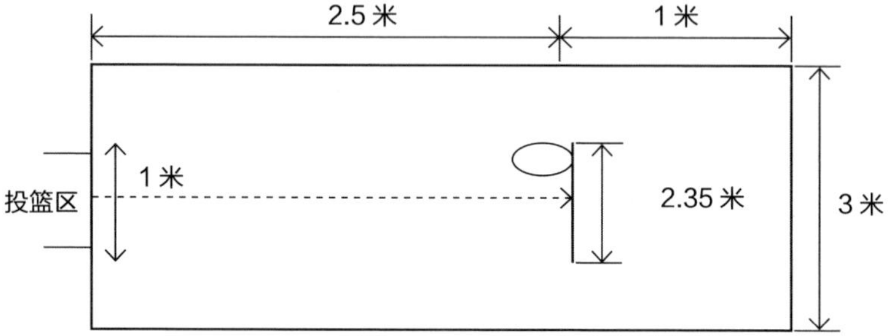

2. 测试器材：标准 5 号篮球至少 2 个，1 个测试用，其余备用；篮球裁判专用哨 1 个。

3. 测试方法：每人投篮 5 次。每人两次机会，取最好成绩。

组合动作

组合动作评分标准	
组合动作	6 分

1. 测试场地：适合小学生使用的篮球场地与篮球架。

2. 测试器材：标准 5 号篮球至少 2 个，1 个测试用，其余备用；篮球裁判专用哨 1 个。

3. 测试方法：从任意一点向前运球 10 米左右，用单手或双手投篮，姿势不限，不考虑投中与否，能流畅、连贯地完成动作即可。

（二）2 级标准

曲线运球

曲线运球评分标准	
男生	11 秒
女生	12 秒

1. 测试场地：在平坦、坚实且无障碍物的地面上，设置长 18 米、宽 5 米的测试区域。距起点线 5 米、10 米、15 米处分别设置 1 个不低于 1.2 米的标志杆。起点线中间 1 米区域为学生出发区域。

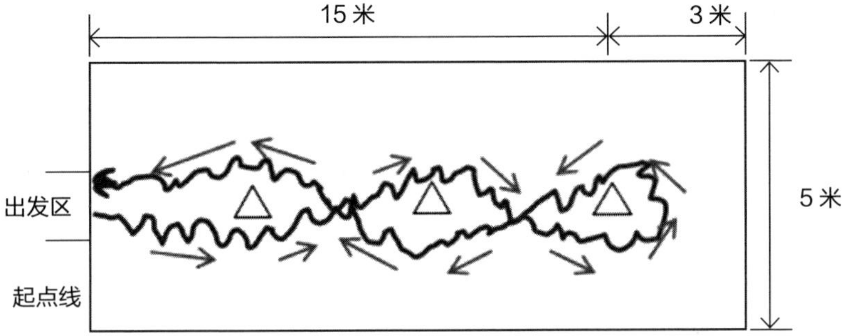

2. 测试器材：标准 5 号篮球至少 2 个，1 个测试用，其余备用；秒表 1 块；篮球裁判专用哨 1 个；测试用的标志杆 3 个。

3. 测试方法：学生持球站立在起点线的出发位置，并做好出发准备。发令后，学生运球出发，同时开始计时。依次绕过每根标志杆后返回，人与球均返回起点线，计时停止。运球过程中，学生失去对球的控制，但球未出测试场地，可自行捡回，在对球失去控制处继续运球，计时不停止。每人两次机会，取最好成绩。

传球入圈

传球入圈评分标准	
男生	7 个
女生	5 个

1. 测试场地：在坚实、平整的墙面上悬挂一个直径为 0.8 米的呼啦圈，呼啦圈中心距地面 1.2 米。距墙 2.5 米（女生）或 3 米（男生）处的地面上画一条短线作为传球线。

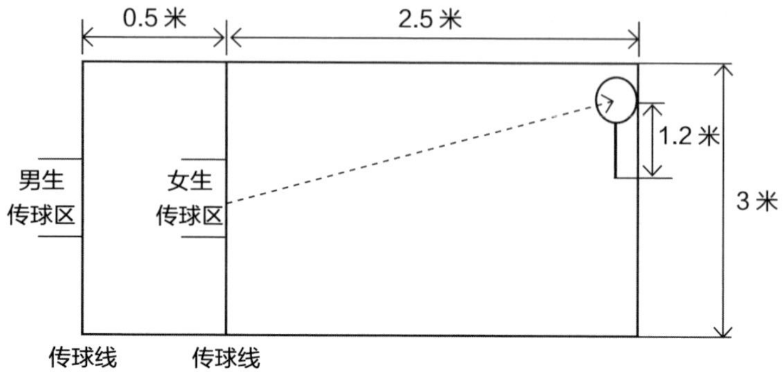

2. 测试器材：标准 5 号篮球至少 2 个，1 个测试用，其余备用；篮球裁判专用哨 1 个。

3. 测试方法：学生持球站立在传球线后，用双手胸前传球的方法将球传向呼啦圈内，然后直接接住反弹回来或落地一次的球。连续传接球 10 次。每人两次机会，取最好成绩。

原地投篮

原地投篮评分标准	
男生	3 个
女生	3 个

1. 测试场地：在篮球场内。采用适合小学生使用的篮球架，篮筐高度为 2.35 米；在离篮筐的水平距离为 3 米（女生）或 4 米（男生）处设置投篮线，投篮线中间 1 米区域为投篮区。

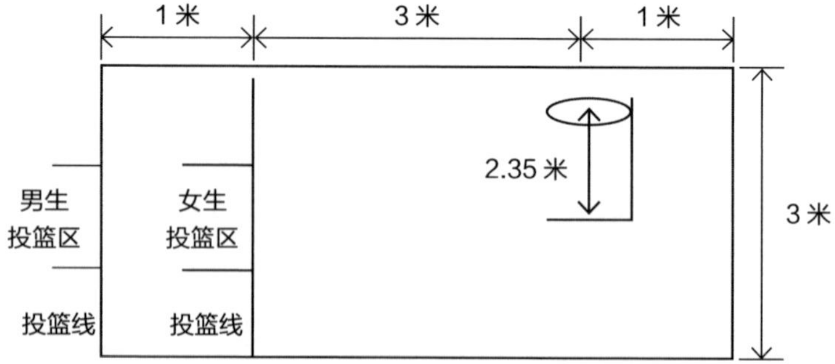

2. 测试器材：标准 5 号篮球至少 2 个，1 个测试用，其余备用；篮球裁判专用哨 1 个。

3. 测试方法：学生持球面向球筐，站在投篮线后做好准备。发令后，学生按照原地双手或单手投篮的动作要求投篮，每人投 10 次。每人两次机会，取最好成绩。

半场 3 对 3 比赛

1. 测试场地：标准篮球场半块。

2. 测试器材：标准 6 号篮球至少 2 个，1 个测试用，其余备用；篮球裁判专用哨 1 个，秒表一块。

3. 测试方法：3 人一组，两组同时上场，按照《三人篮球规则》进行比赛，比赛时间 3 分钟。教师根据学生临场表现进行评分。

（三）3 级标准

曲线运球

曲线运球评分标准	
男生	30 秒
女生	33 秒

1. 测试场地：在标准篮球场进行测验，起点到第一个障碍物距离为 6.5 米，A、B、C、D 4 个障碍物之间距离为 5 米。4 个障碍物到边线距离为 3 米。

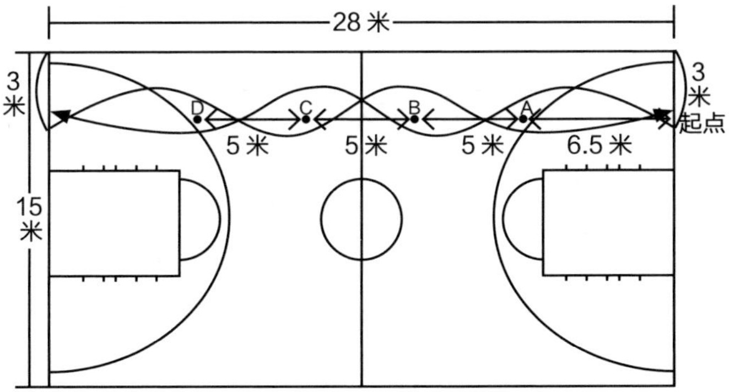

2. 测试器材：标准 5 号篮球至少 2 个，1 个测试用，其余备用；秒表 1 块；篮球裁判专用哨 1 个；测试用的橡胶标志桶 4 个。

3. 测试方法：学生持球站立在起点线的出发位置，并做好出发准备。发令后，学生运球出发，同时开始计时。连续运球绕过 4 个标志桶后到达底线，然后运球绕标志桶返回，人与球均返回起点线，计时停止。运球过程中，学生失去对球的控制，但球未出测试场地，可自行捡回，在对球失去控制处继续运球，计时不停止。

每人两次机会，取最好成绩。

传球入圈

传球入圈评分标准	
男生	8 个
女生	6 个

1. 测试场地：在坚实、平整的墙面上悬挂一个直径为 0.8 米的呼啦圈，呼啦圈中心距地面 1.5 米。距墙 3 米（女生）或 4 米（男生）处的地面上画一条短线作为传球线。

2. 测试器材：标准 5 号篮球至少 2 个，1 个测试用，其余备用。

3. 测试方法：学生持球站立在传球线后，用双手胸前传球的方法将球传向呼啦圈内，然后直接接住反弹回来或落地一次的来球。连续传接球 10 次。每人两次机会，取最好成绩。

行进间高手投篮

行进间高手投篮评分标准	
男生	34 秒
女生	38 秒

1. 测试场地：标准篮球场，篮筐高 2.7 米。

2. 测试器材：标准 5 号篮球至少 2 个，1 个测试用，其余备用；

秒表 1 块；篮球裁判专用哨 1 个。

3. 测试方法：学生从右侧中线后出发，从右侧运球上篮，如上篮未进需补篮，直到投进为止。抢到篮板球后，运球到左侧中线，踩中线后，转身继续运球上篮，如上篮未进需补篮，直到投进为止。抢到篮板球后，运球冲过起点。每人两次机会，取最好成绩。

半场 3 对 3 比赛

1. 测试场地：标准篮球场半块。

2. 测试器材：标准 6 号篮球至少 2 个，1 个测试用，其余备用；篮球裁判专用哨 1 个；秒表一块。

3. 测试方法：3 人一组，两组同时上场，按照《三人篮球规则》进行比赛，比赛时间 3 分钟。教师根据学生临场表现进行评分。

（四）4 级标准

单手肩上（双手胸前）传接球

单手肩上（双手胸前）传接球评分标准	
传接成功次数	6 次

1. 测试场地：使用一块篮球场，以其中一个半场的罚球线作为传球线，另一个半场以罚球线为直径画圆作为传球目标区域。

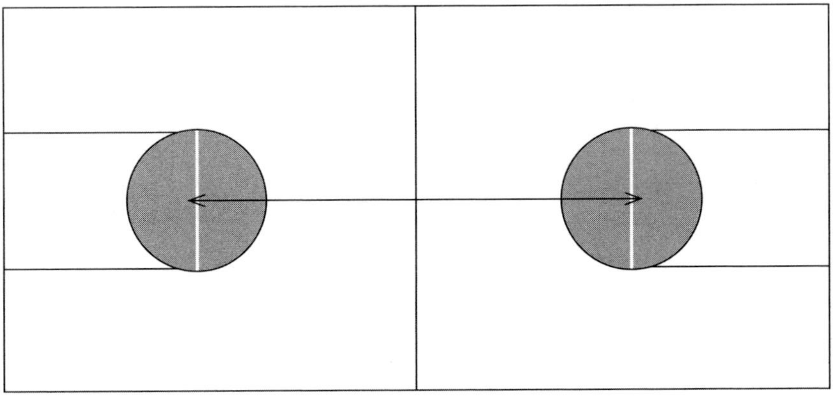

2. 测试器材：标准 6 号篮球至少 2 个，1 个测试用，其余备用；篮球裁判专用哨 1 个。

3. 测试方法：每次测试 2 人，学生持球面向目标区域，站在传球线后做好准备，目标区域学生准备接球。发令后，学生按照原地单手肩上传球动作要求传球，将球传向目标区域，目标区域内学生接球。每人传 5 次球，接 5 次球。如果传球者未传进区域，而接球者接到，算接球成功一次，传球者失败一次；如果传球者未传进区域，而接球者未接到，算传球者失败一次，接球者再测试一次接球。每人两次机会，取最好成绩。

体前变向运球—行进间高手或低手投篮

体前变向运球—行进间高手或低手投篮评分标准	
男生	8 秒
女生	9 秒

1. 测试场地：标准篮球场。

2. 测试器材：标准 6 号篮球至少 2 个，1 个测试用，其余备用；标志桶 3 个；篮球裁判专用哨 1 个；秒表一块。

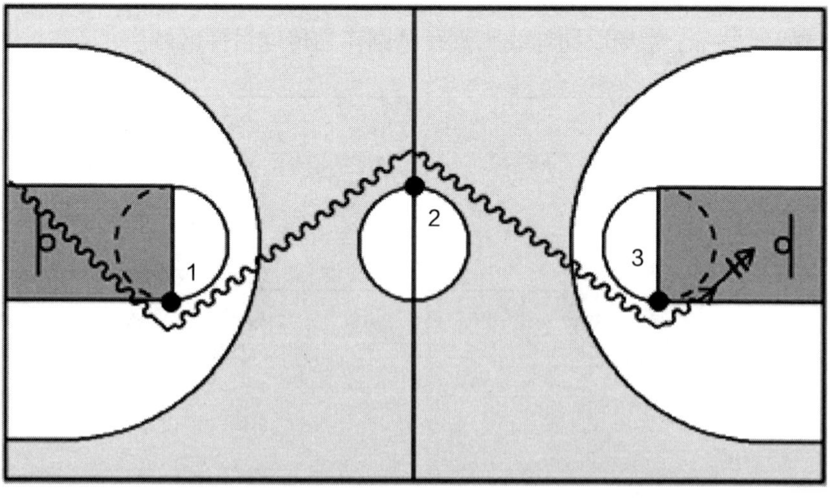

3. 测试方法：学生从篮球场端线后出发，运球到标志处必须做体前变向换手运球，最后一个标志处完成体前变向换手运球后接行进间低手或高手投篮，球投进（未投进需补篮，直至球进）停表，全程计时。每人两次机会，取最好成绩。

半场3对3比赛

1. 测试场地：标准篮球场半块。

2. 测试器材：标准6号篮球至少2个，1个测试用，其余备用；篮球裁判专用哨1个；秒表一块。

3. 测试方法：3人一组，两组同时上场按照《三人篮球规则》进行比赛，比赛时间3分钟。教师根据学生临场表现进行评分。

（五）5级标准

一分钟内自投自抢

一分钟内自投自抢评分标准	
男生	6分
女生	6分

1. 测试场地：标准篮球场。

2. 测试器材：标准7号篮球（男生）/标准6号篮球（女生）至少2个，1个测试用，其余备用；篮球裁判专用哨1个；秒表一块。

3. 测试方法：学生在限制区、限制区外与3分线（含3分线）之间的部分、3分线外等3个区域进行投篮。学生也可以自选区域，不在限制区内连续投篮。在一分钟内自投自抢，计最终投篮的得分。在各区域投篮分数不同，在限制区内投中计1分，在限制区外与3分线之间投中计2分，在3分线外投中计3分。每人两次机会，取最好成绩。

运球过障碍—传接球—行进间投篮

运球过障碍—传接球—行进间投篮评分标准	
男生	9 秒
女生	11 秒

1. 测试场地：标准篮球场，第一标志杆距端线 2 米，距边线 2 米，标志杆间距 2 米。

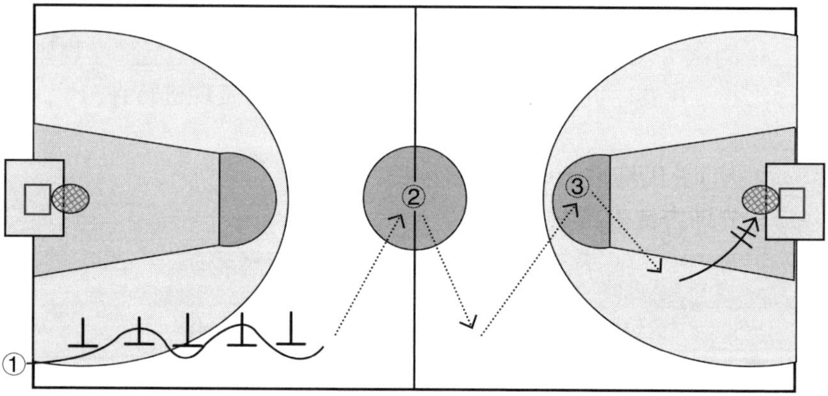

2. 测试器材：篮球 1 个； 标志杆 5 根；秒表一块。

3. 测试方法：学生从篮球场端线后出发，体前变向换手运球过 5 个标志杆后，双手胸前传球给中圈的同伴后接回传球，再击地传球给对面罚球圈的同伴，接同伴的回传球后低手或高手投篮，球离手停表。要求全程按技术要求完成，无违例。每人两次机会，取最好成绩。

半场 3 对 3 比赛

1. 测试场地：标准篮球场。

2. 测试器材：标准 7 号篮球（男生）/ 标准 6 号篮球（女生）至少 2 个，1 个测试用，其余备用；篮球裁判专用哨 1 个；秒表一块。

3. 测试方法：首先将待测试学生按照其身体素质、技术特点均衡分组，3 人一组，保证对阵的任意两组整体实力相当，每组选出一名队长，然后由队长抽签决定对阵场次以及对手。每场比赛时间为5分钟，采用《三人篮球规则》评判。教师根据学生临场表现进行评分。

（六）6级标准

一分钟内自投自抢

一分钟内自投自抢评分标准	
男生	6分
女生	6分

1. 测试场地：标准篮球场。

2. 测试器材：标准7号篮球（男生）/标准6号篮球（女生）至少2个，1个测试用，其余备用；篮球裁判专用哨1个；秒表一块。

3. 测试方法：学生在限制区、限制区外与3分线（含3分线）之间的部分、3分线外等3个区域进行投篮。学生也可以自选区域，不在限制区内连续投篮。在一分钟内自投自抢，计最终投篮的得分。在各区域投篮分数不同，在限制区内投中计1分，在限制区外与3分线之间投中计2分，在3分线外投中计3分。每人两次机会，取最好成绩。

运球过障碍—传接球—行进间投篮

运球过障碍—传接球—行进间投篮评分标准	
男生	9秒
女生	11秒

1. 测试场地：标准篮球场，第一标志杆距端线2米，距边线2米，标志杆间距2米。

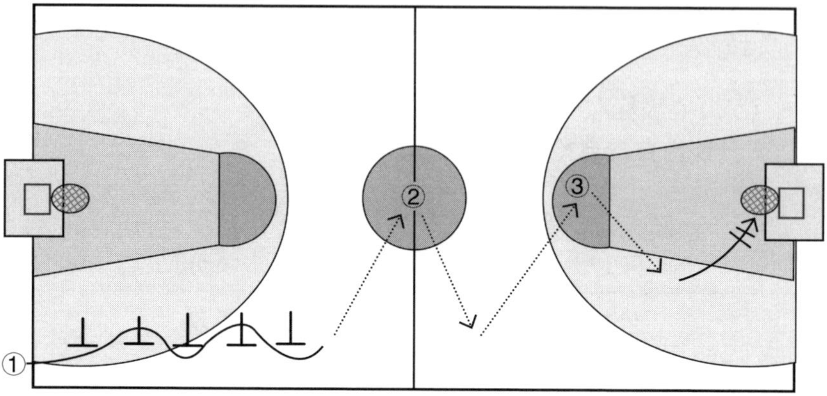

2. 测试器材：篮球 1 个； 标志杆 5 根；秒表一块。

3. 测试方法：学生从篮球场端线后出发，体前变向换手运球过 5 个标志杆后，双手胸前传球给中圈的同伴后接回传球，再击地传球给对面罚球圈的同伴，接同伴的回传球后低手或高手投篮，球离手停表。要求全程按技术要求完成，无违例。每人两次机会，取最好成绩。

全场 5 对 5 比赛

1. 测试场地：标准篮球场。

2. 测试器材：标准 7 号篮球（男生）/ 标准 6 号篮球（女生）至少 2 个，1 个测试用，其余备用；篮球裁判专用哨 1 个；秒表一块。

3. 测试方法：首先将待测试学生按照其身体素质、技术特点均衡分组，5 人一组，尽量保证对阵的任意两组整体实力相当，每组选出一名队长，然后由队长抽签决定对阵场次及对手。每场比赛时间为 20 分钟，采用国际篮联制定的《篮球规则》评判。教师根据学生临场表现进行评分。

北京市中小学生
排球运动技能等级标准

一、评定标准简介

排球项目共分为3~6级。在相应的场地测试，完成该等级规定的全部内容，即达到相应等级。

二、评定内容

评定内容		3级	4级	5级	6级
传球	两人对传球		√	√	
	传战术球				√
垫球	两人对垫球（软式排球）	√			
	两人对垫球		√	√	
	接发球垫球				√
扣球	正面屈体扣低网球		√		
	正面屈体扣球			√	
	扣战术球				√
发球	正面下手发球（软式排球）	√			
	正面下手发球		√		
	正面上手发球			√	
	正面上手发飘球				√
拦网	正面单人拦网				√
组合技术	发、垫、传球		√		
	发、垫、传、扣球			√	
	发、垫、传、扣球、拦网				√
战术	中一二		√		
	中一二和心跟进			√	
	边一二和边跟进				√

三、等级标准与测试方法

（一）3 级标准

两人对垫球（软式排球）

两人对垫球（软式排球）评分标准	
男生	6 个回合
女生	6 个回合

1. 测试场地：平整场地。
2. 测试器材：软式排球。
3. 测试方法：自选同伴或选用固定伙伴。两人相距 2~3 米，教师将球抛给其中一名队员后，两人开始连续对垫球。球落地即停止测试。两人各垫一次为一个回合，每组两次机会，取最好成绩。

正面下手发球（软式排球）

正面下手发球（软式排球）评分标准	
男生	6 个
女生	6 个

1. 测试场地：普通排球场地。网高 200 厘米，下同。
2. 测试器材：软式排球。
3. 测试方法：听教师口令后，下手发球至对方场区。每人发 10 个球，记录发球成功的个数。

（二）4 级标准

两人对传球

两人对传球评分标准	
男生	12 回合
女生	12 回合

1. 测试场地：平整场地。

2. 测试器材：国际排联标准室内用球。

3. 测试方法：自选同伴或选用固定伙伴。两人相距 2~3 米，教师将球抛给其中一名队员后，两人开始连续对传球。球落地即停止测试。两人各传一次为一个回合，每组两次机会，取最好成绩。

两人对垫球

两人对垫球评分标准	
男生	12 回合
女生	12 回合

1. 测试场地：平整场地。

2. 测试器材：软式排球。

3. 测试方法：自选同伴或选用固定伙伴。两人相距 2~3 米，教师将球抛给其中一名队员后，两人开始连续对垫球。球落地即停止测试。两人各垫一次为一个回合，每组两次机会，取最好成绩。

正面屈体扣低网球

正面屈体扣低网球评分标准	
男生	6 个
女生	6 个

1. 测试场地：普通排球场地。

2. 测试器材：国际排联标准室内用球。

3. 测试方法：听教师口令后，4 号位学生扣球至对方场区内。每人扣 10 个球，记录成功的个数。

正面下手发球

正面下手发球评分标准	
男生	6 个
女生	6 个

1. 测试场地：普通排球场地。

2. 测试器材：国际排联标准室内用球。

3. 测试方法：听教师口令后，正面下手发球至对方场区内。每人发 10 个球，记录成功的个数。

发、垫、传球

发、垫、传球评分标准	
男生	6 分
女生	6 分

1. 测试场地：普通排球场地。

2. 测试器材：国际排联标准室内用球。

3. 测试方法：听教师口令后，3人一组轮流进行一发、一垫、一传。发球学生在对方场区距网6米位置发球，垫球学生位于5号位或1号位，传球学生位于3号位。每人在一个位置有两次机会。

教师根据学生的技术动作规范程度、组合技术串联熟练程度和完成定额数量给予打分。

“中一二”

“中一二”评分标准	
男生	6 分
女生	6 分

1. 测试场地：普通排球场地。

2. 测试器材：国际排联标准室内用球。

3. 测试方法：通过教学比赛对学生进行测试。

（1）站位正确，职责清楚，分工明确。

（2）垫球、传球基本到位，配合默契。

（3）合理运用所学基本技术。

（三）5 级标准

两人对传球

两人对传球评分标准	
男生	14 回合
女生	14 回合

1. 测试场地：平整场地。

2. 测试器材：国际排联标准室内用球。

3. 测试方法：自选同伴或选用固定伙伴。两人相距 2~3 米，教师将球抛给其中一名队员后，两人开始连续对传球。球落地即停止测试。两人各传一次为一个回合，每组两次机会，取最好成绩。

两人对垫球

两人对垫球评分标准	
男生	14 回合
女生	14 回合

1. 测试场地：平整场地。

2. 测试器材：软式排球。

3. 测试方法：自选同伴或选用固定伙伴。两人相距 2~3 米，教师将球抛给其中一名队员后，两人开始连续对垫球。球落地即停止测试。两人各垫一次为一个回合，每组两次机会，取最好成绩。

正面屈体扣球

正面屈体扣球评分标准	
男生	6 个
女生	6 个

1. 测试场地：普通排球场地。

2. 测试器材：国际排联标准室内用球。

3. 测试方法：听教师口令后，4 号位学生扣球至对方场区内。每人扣 10 个球，记录成功的个数。

正面上手发球

正面上手发球评分标准	
男生	6 个
女生	6 个

1. 测试场地：普通排球场地。

2. 测试器材：国际排联标准室内用球。

3. 测试方法：听教师口令后，正面上手发球至对方场区内。每人发 10 个球，记录成功的个数。

发、垫、传、扣球

发、垫、传、扣球评分标准	
男生	6 分
女生	6 分

1. 测试场地：普通排球场地。

2. 测试器材：国际排联标准室内用球。

3. 测试方法：听教师口令后，4人一组轮流进行一发、一垫、一传、一扣。发球学生在对方场区距网6米位置发球，垫球学生位于5号位或1号位，传球学生位于3号位，扣球学生在2号位或4号位。每人在一个位置有两次机会，教师进行评分。

“中一二”和“心跟进”

“中一二”和“心跟进”评分标准	
男生	6分
女生	6分

1. 测试场地：普通排球场地。

2. 测试器材：国际排联标准室内用球。

3. 测试方法：通过教学比赛对学生进行测试。教师根据学生场上位置是否明确、战术意识是否清晰给予打分。每个位置两次机会。

（四）6级标准

传战术球

传战术球评分标准	
男生	6分
女生	6分

1. 测试场地：普通排球场地。男生网高2.35米，女生网高2.15米。

2. 测试器材：国际排联标准室内用球。

3. 测试方法：学生站在网前3号位区域，教师在6号位将球抛高至3号位，学生分别用正传技术和背传技术向4号位和2号位传高球10个。教师进行评分。

接发球垫球

接发球垫球评分标准	
男生	6个
女生	6个

1. 测试场地：普通排球场地。男生网高2.35米，女生网高2.15米。

2. 测试器材：国际排联标准室内用球。

3. 测试方法：学生分别站在排球场1号位和5号位区域，教师隔网站在对面场地6号位区域下手发球，学生根据发球的方向、速度、弧度判断落点，迅速移动，将球垫至3号位区域（区域范围3米×3米）。共发10个球，记录成功的个数。

扣战术球

扣战术球评分标准	
男生	6个
女生	6个

1. 测试场地：普通排球场地。男生网高2.35米，女生网高2.15米。

2. 测试器材：国际排联标准室内用球。

3. 测试方法：学生站在本方场地2号位或4号位，教师将球抛高至2号位或4号位组织进攻，学生根据抛球的高度和弧度，助跑起跳扣球。2号位与4号位学生各扣5个球至对方场区内。每个位置两次机会，记录成功的个数。

正面上手发飘球

正面上手发飘球评分标准	
男生	6个
女生	6个

1. 测试场地：普通排球场地。男生网高2.35米，女生网高2.15米。

2. 测试器材：国际排联标准室内用球。

3. 测试方法：听教师口令后，正面上手发飘球至对方场区内，每人发10个球，记录成功的个数。

正面单人拦网

正面单人拦网评分标准	
男生	6个
女生	6个

1. 测试场地：普通排球场地。男生网高2.35米，女生网高2.15米。

2. 测试器材：国际排联标准室内用球。

3. 测试方法：教师在高台上扣球，学生在对面网前进行拦网，根据教师抛球的高度、位置和击球的时机，学生跳起进行单人拦网。每人拦网10次，记录拦网成功个数。

发、垫、传、扣球、拦网

发、垫、传、扣球、拦网评分标准	
男生	6分
女生	6分

1. 测试场地：普通排球场地。男生网高2.35米，女生网高2.15米。

2. 测试器材：国际排联标准室内用球。

3. 测试方法：听教师口令后，4人一组轮流进行一发、一垫、一传、一扣、一拦。发球学生在对方场区距网6米位置发球，垫球学生位于5号位或1号位，传球学生位于3号位，扣球学生在2号位或4号位。扣球后观察对方情况后做一次拦网动作。每个位置两次机会。教师进行评分。

“边一二”和“边跟进”

“边一二”和“边跟进”评分标准	
男生	6分
女生	6分

1. 测试场地：普通排球场地。男生网高2.35米，女生网高2.15米。

2. 测试器材：国际排联标准室内用球。

3. 测试方法：通过教学比赛对学生进行测试。教师根据学生场上位置是否明确，战术意识是否清晰给予打分。每个位置两次机会。

北京市中小学生
乒乓球运动技能等级标准

一、评定标准简介

乒乓球运动的各个项目根据中小学生的身心特点分为1~6级，在相应的场地测试，完成该等级规定的全部内容，即达到相应等级。

二、评定内容

评定内容	1级	2级	3级	4级	5级	6级
握拍	√					
准备姿势		√				
颠球	√					
对墙击球		√				
徒手挥拍			√			
正手攻球			√			
反手攻球			√			
并步				√		
正手1/2台两点走位攻球				√		
左推右攻				√		
平击发球		√				
正手发旋转球					√	√
搓球					√	
发球抢攻						√
发上旋球				√		
实战比赛	√	√	√	√	√	√

三、等级标准与测试方法

（一）1 级标准

握拍

握拍评分标准	
握拍	6 分

1. 测试场地与器材：乒乓球拍。
2. 测试方法：展示正手或反手握拍。教师观察评价。

颠球

颠球评分标准	
颠球	20 个

1. 测试场地与器材：平整场地进行，乒乓球拍、乒乓球若干。
2. 测试方法：每人两次机会，取最好成绩。

实战比赛

实战比赛评分标准	
实战比赛	6 分

1. 测试场地与器材：乒乓球台、乒乓球拍、乒乓球若干。
2. 测试方法：单打比赛，教师观察评价。

（二）2 级标准

准备姿势

准备姿势评分标准	
准备姿势	6 分

1. 测试场地与器材：乒乓球拍、乒乓球若干。

2. 测试方法：学生展示，教师观察评价。

对墙击球

对墙击球评分标准	
对墙击球	30 个

1. 测试场地与器材：一面平整的墙面，乒乓球拍、乒乓球若干。
2. 测试方法：连续对墙打球。每人两次机会，取最好成绩。

平击发球

平击发球评分标准	
平击发球	6 球

1. 测试场地与器材：乒乓球台、乒乓球拍、乒乓球若干。
2. 测试方法：平击发球 10 球。每人两次机会，取最好成绩。

实战比赛

实战比赛评分标准	
实战比赛	6 分

1. 测试场地与器材：乒乓球台、乒乓球拍、乒乓球若干。
2. 测试方法：单打比赛，教师根据学生临场表现进行评分。

（三）3 级标准

徒手挥拍

徒手挥拍评分标准	
徒手挥拍	6 分

1. 测试场地与器材：乒乓球台、乒乓球拍若干。
2. 测试方法：学生展示正手或反手徒手挥拍。教师根据学生临

场表现进行评分。

正手攻球

正手攻球评分标准	
正手攻球	6 球

1. 测试场地与器材：乒乓球台、乒乓球拍、乒乓球若干。
2. 测试方法：连续正手攻球 10 球。每人两次机会，取最好成绩。

反手攻球

反手攻球评分标准	
反手攻球	6 球

1. 测试场地与器材：乒乓球台、乒乓球拍、乒乓球若干。
2. 测试方法：连续反手攻球 10 球。每人两次机会，取最好成绩。

实战比赛

实战比赛评分标准	
实战比赛	6 分

1. 测试场地与器材：乒乓球台、乒乓球拍、乒乓球若干。
2. 测试方法：单打比赛，教师根据学生临场表现进行评分。

（四）4 级标准

并步

并步评分标准	
并步	6 分

1. 测试场地与器材：乒乓球台、乒乓球拍、乒乓球若干。
2. 测试方法：连续做左右并步，教师根据学生临场表现进行评分。

正手 1/2 台两点走位攻球

正手 1/2 台两点走位攻球评分标准	
正手 1/2 台两点走位攻球	6 球

1. 测试场地与器材：乒乓球台、乒乓球拍、乒乓球若干。

2. 测试方法：连续正手 1/2 台两点走位攻球 10 球。每人两次机会，取最好成绩。

左推右攻

左推右攻评分标准	
左推右攻	6 球

1. 测试场地与器材：乒乓球台、乒乓球拍、乒乓球若干。

2. 测试方法：连续左推右攻 10 球，一推一攻算两球，每人两次机会，取最好成绩。

发上旋球

发上旋球评分标准	
发上旋球	6 个

1. 测试场地与器材：乒乓球台、乒乓球拍、乒乓球若干。

2. 测试方法：发上旋球 10 球。每人两次机会，取最好成绩。

实战比赛

实战比赛评分标准	
实战比赛	6 分

1. 测试场地与器材：乒乓球台、乒乓球拍、乒乓球若干。

2. 测试方法：单打比赛，教师根据学生临场表现进行评分。

（五）5级标准

正手发旋转球

正手发旋转球评分标准	
正手发旋转球	6个

1. 测试场地与器材：乒乓球台、乒乓球拍、乒乓球若干。
2. 测试方法：正手发旋转球10球。每人两次机会，取最好成绩。

搓球

搓球评分标准	
搓球	6个

1. 测试场地与器材：乒乓球台、乒乓球拍、乒乓球若干。
2. 测试方法：两人同时进行测试，从发下旋球开始进行对搓，每人10球。每人两次机会，取最好成绩。

实战比赛

实战比赛评分标准	
实战比赛	6分

1. 测试场地与器材：乒乓球台、乒乓球拍、乒乓球若干。
2. 测试方法：单打比赛，教师根据学生临场表现进行评分。

（六）6级标准

正手发旋转球

正手发旋转球评分标准	
正手发旋转球	7个

1. 测试场地与器材：乒乓球台、乒乓球拍、乒乓球若干。
2. 测试方法：正手发旋转球10球。每人两次机会，取最好成绩。

发球抢攻

发球抢攻评分标准	
发球抢攻	6个

1. 测试场地与器材：乒乓球台、乒乓球拍、乒乓球若干。

2. 测试方法：以发球抢攻形式进行。发下旋球后正手抢攻，每人10球。每人两次机会，取最好成绩。

实战比赛

实战比赛评分标准	
实战比赛	6分

1. 测试场地与器材：乒乓球台、乒乓球拍、乒乓球若干。

2. 测试方法：单打比赛，教师根据学生临场表现进行评分。

北京市中小学生
羽毛球运动技能等级标准

一、评定标准简介

羽毛球运动的各个项目根据中小学生的身心特点分为1~6级。在相应的场地测试，完成该等级规定的全部内容，即达到相应等级。

二、评定内容

评定内容	1级	2级	3级	4级	5级	6级
握拍	√					
准备姿势		√				
颠球	√					
正手发高远球				√		
反手发近网球				√		
正手击高远球					√	
正手杀球					√	√
吊球						√
正/反手挑球		√	√			
正/反手搓球			√			
正/反手勾球					√	√
比赛	√	√	√	√	√	√

三、等级标准与测试方法

（一）1 级标准

握拍

握拍评分标准	
握拍	6 分

1. 测试场地与器材：标准羽毛球场地（13.4 米 ×6.1 米），羽毛球拍。

2. 测试方法：展示正手或反手握拍，教师根据学生临场表现进行评分。

颠球

颠球评分标准	
颠球	10 个

1. 测试场地与器材：平整场地，羽毛球拍、羽毛球若干。

2. 测试方法：用球拍颠球，球落地后测试结束。每人两次机会，取最好成绩。

比赛

比赛评分标准	
比赛	6 分

1. 测试场地与器材：标准羽毛球场地，羽毛球拍、羽毛球若干。

2. 测试方法：单、双打比赛，教师根据学生临场表现进行评分。

（二）2 级标准

准备姿势

准备姿势评分标准	
准备姿势	6 分

1. 测试场地与器材：平整场地，羽毛球拍、羽毛球若干。
2. 测试方法：学生展示，教师根据学生临场表现进行评分。

正 / 反手挑球

正 / 反手挑球评分标准	
正 / 反手挑球	5 个

1. 测试场地与器材：标准羽毛球场地，羽毛球拍、羽毛球若干。
2. 测试方法: 接发球,将球挑到对面后场规定区域内,每人 10 个球。

比赛

比赛评分标准	
比赛	6 分

1. 测试场地与器材：标准羽毛球场地，羽毛球拍、羽毛球若干。
2. 测试方法：单、双打比赛，教师根据学生临场表现进行评分。

（三）3 级标准

正 / 反手挑球

正 / 反手挑球评分标准	
正 / 反手挑球	6 个

1. 测试场地与器材：标准羽毛球场地，羽毛球拍、羽毛球若干。
2. 测试方法: 接发球,将球挑到对面后场规定区域内,每人 10 个球。

正 / 反手搓球

正 / 反手搓球评分标准	
正 / 反手搓球	6 个

1. 测试场地与器材：标准羽毛球场地，羽毛球拍、羽毛球若干。
2. 测试方法：接抛球，将球搓放到对面前场规定区域内，每人

10 个球。

比赛

比赛评分标准	
比赛	6 分

1. 测试场地与器材：标准羽毛球场地，羽毛球拍、羽毛球若干。

2. 测试方法：单、双打比赛，教师根据学生临场表现进行评分。

（四）4 级标准

正手发高远球

正手发高远球评分标准	
正手发高远球（男）	5 个
正手发高远球（女）	4 个

1. 测试场地与器材：标准羽毛球场地，羽毛球拍、羽毛球若干。

2. 测试方法：站在前场区域（左 / 右），将球发到对方对角线中后场规定区域内，每人 10 个球。

反手发近网球

反手发近网球评分标准	
反手发近网球	5 个

1. 测试场地与器材：标准羽毛球场地，羽毛球拍、羽毛球若干。

2. 测试方法：站在前场区域（左 / 右），将球发到对方对角线前场规定区域内，每人 10 个球。

比赛

比赛评分标准	
比赛	6 分

1. 测试场地与器材：标准羽毛球场地，羽毛球拍，羽毛球若干。

2. 测试方法：单、双打比赛，教师根据学生临场表现进行评分。

（五）5级标准

正手击高远球

正手击高远球评分标准	
正手击高远球（男）	6个
正手击高远球（女）	5个

1. 测试场地与器材：标准羽毛球场地，羽毛球拍、羽毛球若干。

2. 测试方法：站在底线后，接发球，将球打到对面中后场规定区域内，每人10个球。

正手杀球

正手杀球评分标准	
正手杀球	6个

1. 测试场地与器材：标准羽毛球场地，羽毛球拍、羽毛球若干。

2. 测试方法：站在中后场，接发球，将球打到对面中后场规定区域内，每人10个球。

正/反手勾球

正/反手勾球评分标准	
正/反手勾球	6个

1. 测试场地与器材：标准羽毛球场地，羽毛球拍、羽毛球若干。

2. 测试方法：接抛球，从中场出发将球勾到对面前场规定区域内，每人10个球。

比赛

比赛评分标准	
比赛	6 分

1. 测试场地与器材：标准羽毛球场地，羽毛球拍、羽毛球若干。

2. 测试方法：单、双打比赛，教师根据学生临场表现进行评分。

（六）6 级标准

正手杀球

正手杀球评分标准	
正手杀球	7 个

1. 测试场地与器材：标准羽毛球场地，羽毛球拍、羽毛球若干。

2. 测试方法：站在后场，接发球，将球打到对面中后场规定区域内，每人 10 个球。

吊球

吊球评分标准	
吊球	7 个

1. 测试场地与器材：标准羽毛球场地，羽毛球拍、羽毛球若干。

2. 测试方法：接教师发球，从中场出发将球打到对面前场规定区域内，每人 10 个球。

正 / 反手勾球

正 / 反手勾球评分标准	
正 / 反手勾球	7 个

1. 测试场地与器材：标准羽毛球场地，羽毛球拍、羽毛球若干。

2. 测试方法：接抛球，从中场出发将球勾到对面前场规定区域内，每人10个球。

比赛

比赛评分标准	
比赛	6分

1. 测试场地与器材：标准羽毛球场地，羽毛球拍、羽毛球若干。
2. 测试方法：单、双打比赛，教师根据学生临场表现进行评分。

北京市中小学生
网球运动技能等级标准

一、评定标准简介

网球运动的各个项目根据中小学生的身心特点分为1~6级。在相应的场地测试，完成该等级规定的全部内容，即达到相应等级。

二、评定内容

评定内容	1级	2级	3级	4级	5级	6级
握拍、准备姿势	√					
颠球	√					
下手发球		√				
发球				√		
正/反拍击球		√				
正/反拍下旋球			√			
随机球						√
正/反拍挑球			√			
正/反拍反弹球					√	
正/反拍截击球					√	
吊球						√
高压球				√		
比赛		√	√	√	√	√

三、等级标准与测试方法

测试场地为标准网球场地，测试器材需要网球若干、网球拍两只。

（一）1级标准

握拍、准备姿势

握拍、准备姿势评分标准	
握拍、准备姿势	6分

测试方法：展示正手、反手握拍和准备姿势，教师根据学生临场表现进行评分。

颠球

颠球评分标准	
连续颠球	10个

测试方法：用球拍颠球，球落地后停止测试。每人两次机会，取最好成绩。

（二）2级标准

下手发球

下手发球评分标准	
下手发球	5个

测试方法：站在发球区，将球发到对面规定区域内，每人10个球。

正 / 反拍击球

正 / 反拍击球评分标准	
正 / 反拍击球	5个

测试方法：将球击到对面规定区域内，每人10个球（正、反拍

各 5 个球）。

比赛

比赛评分标准	
比赛	6 分

测试方法：单、双打比赛，教师根据学生临场表现进行评分。

（三）3 级标准

正 / 反拍下旋球

正 / 反拍下旋球评分标准	
正 / 反拍下旋球（男）	6 个
正 / 反拍下旋球（女）	4 个

测试方法：用下旋球技术将球击到对面规定区域内，每人 10 个球（正、反拍各 5 个球）。

正 / 反拍挑球

正 / 反拍挑球评分标准	
正 / 反拍挑球（男）	6 个
正 / 反拍挑球（女）	4 个

测试方法：用挑球技术将球击到对面规定区域内，每人 10 个球（正、反拍各 5 个球）。

比赛

比赛评分标准	
比赛	6 分

测试方法：单、双打比赛，教师根据学生临场表现进行评分。

（四）4 级标准

发球

发球评分标准	
发球（男）	6 个
发球（女）	4 个

测试方法：站在发球区，将球发到对面规定区域内，每人 10 个球。

高压球

高压球评分标准	
高压球（男）	6 个
高压球（女）	4 个

测试方法：将球高压到对面规定区域内，每人 10 个球。

比赛

比赛评分标准	
比赛	6 分

测试方法：单、双打比赛，教师根据学生临场表现进行评分。

（五）5 级标准

正 / 反拍反弹球

正 / 反拍反弹球评分标准	
正 / 反拍反弹球（男）	6 个
正 / 反拍反弹球（女）	4 个

测试方法：用反弹球技术将球击到对面规定区域内，每人 10 个球（正、反拍各 5 个球）。

正 / 反拍截击球

正 / 反拍截击球评分标准	
正 / 反拍截击球（男）	6 个
正 / 反拍截击球（女）	4 个

测试方法：运用截击球技术将球击到对面规定区域内，每人 10 个球（正、反拍各 5 个球）。

比赛

比赛评分标准	
比赛	6 分

测试方法：单、双打比赛，教师根据学生临场表现进行评分。

（六）6 级标准

随机球

随机球评分标准	
随机球（男）	6 个
随机球（女）	4 个

测试方法：运用随机球技术将球击到对面规定区域内，每人 10 个球。

吊球

吊球评分标准	
吊球（男）	6 个
吊球（女）	4 个

测试方法：运用吊球技术将球击到对面规定区域内，每人 10

个球。

比赛

比赛评分标准	
比赛	6分

测试方法：单、双打比赛，教师根据学生临场表现进行评分。

北京市中小学生
游泳运动技能等级标准

一、评定标准简介

游泳运动的各个项目根据中小学生的身心特点分为1~6级。在相应的场地测试,完成该等级规定的其中一项内容,即达到相应等级。

二、评价内容

评价内容	1级	2级	3级	4级	5级	6级
蛙泳	√	√	√	√	√	√
自由泳	√	√	√	√	√	√

三、等级标准

(一)1级标准

游泳(不限泳姿)

游泳评分标准	
50米游泳	合格

(二)2级标准

游泳(不限泳姿)

游泳评分标准	
100米游泳	合格

（三）3 级标准（男、女各选一种测试）

男子 50 米蛙泳

50 米蛙泳评分标准	
50 米蛙泳	1 分 40 秒

男子 50 米自由泳

50 米自由泳评分标准	
50 米自由泳	1 分 25 秒

男子 100 米蛙泳

100 米蛙泳评分标准	
100 米蛙泳	3 分 30 秒

男子 100 米自由泳

100 米自由泳评分标准	
100 米自由泳	3 分 00 秒

女子 50 米蛙泳

50 米蛙泳评分标准	
50 米蛙泳	1 分 50 秒

女子 50 米自由泳

50 米自由泳评分标准	
50 米自由泳	1 分 35 秒

女子 100 米蛙泳

100 米蛙泳评分标准	
100 米蛙泳	3 分 50 秒

女子 100 米自由泳

100 米自由泳评分标准	
100 米自由泳	3 分 20 秒

（四）4 级标准（男、女各选一种测试）

男子 50 米蛙泳

50 米蛙泳评分标准	
50 米蛙泳	1 分 30 秒

男子 50 米自由泳

50 米自由泳评分标准	
50 米自由泳	1 分 20 秒

男子 100 米蛙泳

100 米蛙泳评分标准	
100 米蛙泳	3 分 10 秒

男子 100 米自由泳

100 米自由泳评分标准	
100 米自由泳	2 分 50 秒

女子 50 米蛙泳

50 米蛙泳评分标准	
50 米蛙泳	1 分 40 秒

女子 50 米自由泳

50 米自由泳评分标准	
50 米自由泳	1 分 30 秒

女子 100 米蛙泳

100 米蛙泳评分标准	
100 米蛙泳	3 分 30 秒

女子 100 米自由泳

100 米自由泳评分标准	
100 米自由泳	3 分 10 秒

（五）5 级标准（男、女各选一种测试）

男子 50 米蛙泳

50 米蛙泳评分标准	
50 米蛙泳	1 分 22 秒

男子 50 米自由泳

50 米自由泳评分标准	
50 米自由泳	1 分 10 秒

男子 100 米蛙泳

100 米蛙泳评分标准	
100 米蛙泳	2 分 54 秒

男子 100 米自由泳

100 米自由泳评分标准	
100 米自由泳	2 分 30 秒

女子 50 米蛙泳

50 米蛙泳评分标准	
50 米蛙泳	1 分 32 秒

女子 50 米自由泳

50 米自由泳评分标准	
50 米自由泳	1 分 20 秒

女子 100 米蛙泳

100 米蛙泳评分标准	
100 米蛙泳	3 分 14 秒

女子 100 米自由泳

100 米自由泳评分标准	
100 米自由泳	2 分 50 秒

（六）6级标准（男、女各选一种测试）

男子50米蛙泳

50米蛙泳评分标准	
50米蛙泳	1分08秒

男子50米自由泳

50米自由泳评分标准	
50米自由泳	58秒

男子100米蛙泳

100米蛙泳评分标准	
100米蛙泳	2分26秒

男子100米自由泳

100米自由泳评分标准	
100米自由泳	2分06秒

女子50米蛙泳

50米蛙泳评分标准	
50米蛙泳	1分18秒

女子50米自由泳

50米自由泳评分标准	
50米自由泳	1分08秒

女子 100 米蛙泳

100 米蛙泳评分标准	
100 米蛙泳	2 分 46 秒

女子 100 米自由泳

100 米自由泳评分标准	
100 米自由泳	2 分 26 秒

四、测试场地与器材

泳池长 50 米或 25 米，基本符合国家标准。池面有明显的水深度、深浅水区警示标志，或标志明显的深浅水隔离带，有广播设备。泳池配备救生圈、救生杆、救生板和护颈套等救生器材，配有急救药品、氧气袋等急救用品。泳池配备符合国家要求数量的、有资质的游泳救生员。

五、测试方法

学生测试装备符合国家要求，1、2、3 级可从水中出发；4、5、6 级要求从出发台出发。学生在游程中不得站立于池底或在水中行走，以及借助其他物体游进。

计时项目：采用一种泳姿在相应等级标准时间内完成规定距离，即可确定相应达标等级。

距离项目：不限泳姿在相应等级标准规定距离内游完全程，即可确定相应达标等级。

每人两次机会。记录最好成绩。手计时或电子计时均可。

通过竞赛评定标准，区级以上比赛获得名次可直接认定相应等级。

北京市中小学生
武术运动技能等级标准

一、评定标准简介

武术运动的各个项目根据中小学生的身心特点分为 1~6 级。在相应的场地测试，完成该等级规定的全部内容，即达到相应等级。

二、评定内容

评定内容	1 级	2 级	3 级	4 级	5 级	6 级
基本步型：弓步、马步	√					
基本手法：冲拳、推掌	√					
正踢腿	√	√				
侧踢腿		√				
蹬腿	√					
组合动作：摆掌撩掌类		√				
少年拳第一套			√			
健身长拳 健身南拳（二选一）				√		
形神拳、散打、 女子防身术（三选一）					√	
健身短棍、刀术（二选一）						√

三、等级标准与测试方法

测试场地：长 20 米，宽 9 米以上的平整场地。

（一）1 级标准

基本步型：弓步、马步

基本步型：弓步、马步评分标准	
基本步型：弓步、马步	6 分

测试方法：逐一测试。行抱拳礼后先做 5 秒弓步静蹲，经示意后换马步 5 秒静蹲。测试后，行抱拳礼后返回队列。教师观察评价。

基本手法：冲拳、推掌

基本手法：冲拳、推掌评分标准	
基本手法：冲拳、推掌	6 分

测试方法：逐一测试。行抱拳礼后先做连续冲拳 10 次，再做连续推掌 10 次。测试后，行抱拳礼后返回队列。教师观察评价。

正踢腿

正踢腿评分标准	
正踢腿	6 分

测试方法：逐一测试。行抱拳礼后左右交替行进间正踢腿 10 次。测试后，行抱拳礼后返回队列。教师观察评价。

蹬腿

蹬腿评分标准	
蹬腿	6 分

测试方法：逐一测试。行抱拳礼后左右交替行进间蹬腿 10 次。测试后，行抱拳礼后返回队列。教师观察评价。

（二）2 级标准

正踢腿

正踢腿评分标准	
正踢腿	6 分

测试方法：逐一测试。行抱拳礼后左右交替行进间正踢腿 10 次。测试后，行抱拳礼后返回队列。教师观察评价。

侧踢腿

侧踢腿评分标准	
侧踢腿	6 分

测试方法：逐一测试。行抱拳礼后左右交替行进间侧踢腿 10 次。测试后，行抱拳礼后返回队列。教师观察评价。

组合动作：摆掌撩掌类

组合动作：摆掌撩掌类评分标准	
上步搂手马步击（右）掌—（左）弓步双摆掌—（右）弓步勾手撩（左）掌—（左）弹踢推（右）掌—马步击（左）掌—（右）弓步双摆掌—（左）弓步勾手撩（右）掌—（右）弹踢推（左）掌—马步击（右）掌	6 分

测试方法：逐一测试。测试前、后行抱拳礼。每人两次机会，取最好成绩。教师观察评价。

（三）3 级标准

少年拳第一套

少年拳第一套评分标准	
少年拳第一套	6 分

测试方法：逐一测试。测试前、后行抱拳礼。每人两次机会，取最好成绩。教师观察评价。

（四）4 级标准

健身长拳、健身南拳（二选 一）

健身长拳、健身南拳评分标准	
健身长拳	6 分
健身南拳	6 分

测试方法：逐一测试。测试前、后行抱拳礼。每人两次机会，取最好成绩。教师观察评价。

（五）5 级标准

形神拳、散打、女子防身术（三选 一）

形神拳、散打、女子防身术评分标准	
形神拳	6 分
散打	6 分
女子防身术	6 分

测试方法：逐一测试。测试前、后行抱拳礼。每人两次机会，取最好成绩。教师观察评价。

（六）6 级标准

健身短棍、刀术（二选 一）

健身短棍、刀术评分标准	
健身短棍	6 分
刀术	6 分

测试器材：测试健身短棍、刀术时需使用专用器材。

测试方法：逐一测试。测试前、后行抱拳礼。每人两次机会，取最好成绩。教师观察评价。

北京市中小学生
跆拳道运动技能等级标准

一、评定标准简介

跆拳道运动的各个项目根据中小学生的身心特点分为 1~6 级。在相应的场地测试，完成该等级规定的全部内容，即达到相应等级。

二、评定内容

评定内容		1 级	2 级	3 级	4 级	5 级	6 级
手部动作	冲拳	√	√	√	√	√	
	下格挡	√					√
	中内格挡		√				√
	中外格挡				√		√
	上格挡			√			√
	手刀格挡					√	
步法动作	站立步	√					
	弓步		√				
	马步	√					
	跳换步			√			
	实战准备架		√				
	前后滑步				√		
	前后交叉步					√	

（续表）

评定内容		1 级	2 级	3 级	4 级	5 级	6 级
腿部动作	前踢	√					
	横踢		√		√		
	下劈			√	√		
	侧踢				√	√	
	后踢					√	√
	双飞						√
品势	太极一章	前 4 个动作	前 10 个动作	√			
	太极二章				√		
	太极三章					√	√
竞赛				√	√	√	√

备注：单个动作每人测试两次，取最好成绩。

三、等级标准与测试方法

评分标准：单个动作准确、流畅，且有力度。在比赛中，手部动作准确有力，腿部动作稳健准确，身体协调、灵活。教师观察评价。

测试场地：空旷、平整无障碍物，室内、室外均可。

（一）1 级标准

手部、步法、腿部动作和品势

手部、步法、腿部动作和品势评分标准	
手部动作：1. 冲拳（10 次） 2. 下格挡（5 次） 3. 冲拳加下格挡（左右手交替演练各 3 组）	6 分
步法动作：1. 站立步（左右腿交替演练 5 次） 2. 马步	6 分
腿部动作：前踢（左右腿交替演练 5 次）	6 分
品势：太极一章前 4 个动作	6 分

（二）2 级标准

手部、步法、腿部动作和品势

手部、步法、腿部动作和品势评分标准	
手部动作：1. 中内格挡（10 次） 2. 冲拳加中内格挡（左右手交替演练各 3 组）	6 分
步法动作：1. 弓步加冲拳（左右腿交替演练各 3 次） 2. 实战准备架	6 分
腿部动作：横踢（左右腿交替演练 5 次）	6 分
品势：太极一章前 10 个动作	6 分

（三）3 级标准

手部、步法、腿部动作，品势和竞赛

手部、步法、腿部动作，品势和竞赛评分标准	
手部动作：1. 上格挡（10 次） 2. 冲拳加上格挡（左右手交替演练各 3 组）	6 分
步法动作：跳换步（左右腿交替演练 5 次）	6 分
腿部动作：下劈（左右腿交替演练 5 次）	6 分
品势：演练太极一章完整动作	6 分
竞赛	6 分

（四）4 级标准

手部、步法、腿部动作，品势和竞赛

手部、步法、腿部动作，品势和竞赛评分标准	
手部动作：1. 中外格挡（10 次） 2. 冲拳加中外格挡（左右手交替演练各 3 组）	6 分
步法动作：前后滑步	6 分
腿部动作：横踢加侧踢、横踢加下劈	6 分
品势：演练太极二章完整动作	6 分
竞赛	6 分

（五）5 级标准

手部、步法、腿部动作，品势和竞赛

手部、步法、腿部动作，品势和竞赛评分标准	
手部动作：1. 手刀格挡（10 次） 2. 冲拳加手刀格挡（左右手交替演练各 3 组）	6 分
步法动作：1. 前后交叉步（左右腿交叉演练 5 次） 2. 三七步手刀格挡（左右腿交替演练 5 次）	6 分
腿部动作：1. 侧踢（左右腿交替演练 5 次） 2. 后踢（左右腿交替演练 5 次）	6 分
品势：演练太极三章完整动作	6 分
竞赛	6 分

（六）6 级标准

手部、腿部动作，品势和竞赛

手部、腿部动作，品势和竞赛评分标准	
手部动作：1. 行进间下格挡加中内格挡（左右手交替演练各 3 组） 2. 行进间中外格挡加上格挡（左右手交替演练各 3 组）	6 分
腿部动作：1. 后踢（左右腿交替演练 5 次） 2. 双飞（左右腿交替演练 5 次）	6 分
品势：演练太极三章完整动作	6 分
竞赛	6 分

北京市中小学生
空手道运动技能等级标准

一、评定标准简介

空手道运动的各个项目根据中小学生的身心特点分为1~6级。完成申报等级相应动作即达到该等级。学生需逐级申报测评空手道运动技能等级，不可越级申报测评。

二、评定内容

评定内容		1级	2级	3级	4级	5级	6级
手部动作	冲拳	√	√	√	√	√	√
	下段格挡		√				√
	内格挡			√			√
	外格挡				√		√
	上架格挡					√	√
腿部动作	前屈立	√					
	骑马立		√				
	后屈立			√			
	前刺踢			√			
	侧弹踢				√		
	足刀踢					√	
	前踢						√
比赛					√	√	√

备注：单个动作每人测试两次，取最好成绩。

三、等级标准与测试方法

评分标准：单个动作准确、流畅，且有力度。手部动作准确有力，腿部动作稳健准确，身体协调、灵活。保持距离适当。教师观察评价。

测试场地：空旷、平整无障碍物，室内、室外均可。

竞赛成绩认定：获得区级以上比赛名次，本标准予以承认。

（一）1级标准

手部、腿部动作

手部、腿部动作评分标准	
手部动作：冲拳（10次）	6分
腿部动作：1. 前屈立（左右腿交替演练5次） 2. 前屈立加冲拳（左右腿交替演练5次）	6分

（二）2级标准

手部、腿部动作

手部、腿部动作评分标准	
手部动作：1. 下段格挡（10次） 2. 冲拳加下段格挡（左右手交替演练各3组）	6分
腿部动作：1. 骑马立 2. 骑马立加冲拳（5次）	6分

（三）3级标准

手部、腿部动作

手部、腿部动作评分标准	
手部动作：1. 内格挡（10次） 2. 冲拳加内格挡（左右手交替演练各3组）	6分
腿部动作：1. 后屈立（左右腿交替演练5次） 2. 前刺踢（左右腿交替演练5次）	6分

（四）4 级标准

手部、腿部动作和比赛

手部、腿部动作和比赛评分标准	
手部动作：1. 外格挡（10 次） 2. 冲拳加外格挡（左右手交替演练各 3 组）	6 分
腿部动作：侧弹踢（左右腿交替演练 5 次）	6 分
比赛	6 分

（五）5 级标准

手部、腿部动作和比赛

手部、腿部动作和比赛评分标准	
手部动作：1. 上架格挡（10 次） 2. 冲拳（左右手交替演练各 3 组） 3. 冲拳（“顺冲拳”“逆冲拳”交替演练各 3 组）	6 分
腿部动作：足刀踢（左右腿交替演练 5 次）	6 分
比赛	6 分

（六）6 级标准

手部、腿部动作和比赛

手部、腿部动作和比赛评分标准	
手部动作：1. 下段格挡加内格挡（左右手交替演练各 3 组） 2. 外格挡加上架格挡（左右手交替演练各 3 组） 3. 上架格挡加内或外格挡加单冲拳（左右手交替演练各 3 组）	6 分
腿部动作：前踢（左右腿交替演练 5 次）	6 分
比赛	6 分

北京市中小学生
体操运动技能等级标准

一、评定标准简介

体操运动的各个项目根据中小学生的身心特点分为1~6级。在相应的场地测试，完成该等级规定的其中一项内容，即达到相应等级。

二、评定内容

评定内容		1 级	2 级	3 级	4 级	5 级	6 级
技巧	连续前滚翻	√					
	前滚翻直腿坐 – 肩肘倒立 – 前滚翻成蹲立 – 直立		√				
	前滚翻直腿坐 – 肩肘倒立 – 前滚翻交叉转体 180° – 后滚翻			√			
	前滚翻分腿起 – 燕式平衡 – 前滚翻直腿坐 – 经单肩后滚翻成半劈腿（女）				√		
	远撑前滚翻 – 俯平衡 – 手倒立 – 前滚翻成蹲立 – 挺身跳（男）				√		
	燕式平衡 – 前滚翻直腿坐 – 经单肩后滚翻成跪撑 – 单腿摆越成蹲撑 – 挺身跳（女）					√	
	俯平衡 – 侧手翻转体 90° 成直立 – 直腿后滚翻 – 挺身跳（男）					√	
	侧手翻 – 转体 90° 成直立 – 手倒立 – 前滚翻 – 挺身跳（女）						√
	俯平衡 – 侧手翻 – 上步转体 180° – 手倒立 – 前滚翻 – 挺身跳（男）						√

（续表）

评定内容		1级	2级	3级	4级	5级	6级
支撑跳跃	跳上成跪撑－跪跳下		√				
	山羊分腿腾越			√			
	横箱分腿腾越（男女）				√	√	
	横箱屈腿腾越（女）				√		
	纵箱分腿腾越（男女）					√	√
	纵箱屈腿腾越（男）						√
单杠	跳上成正撑－后摆下		√				
	单足蹬地翻身上			√			
	单足蹬地翻身上成支撑－后摆转体90° 挺身下（女）				√		
	单足蹬地翻身上成支撑－单腿摆越成骑撑－后腿向前摆越转体 90° 挺身下（男）				√		
	双足蹬地翻身上成支撑－支撑后回环－后摆挺身下（男）					√	
	屈身上－支撑后回环－支撑单腿向前摆越成骑撑－后腿向前摆越转体90° 挺身下（男）						√
双杠	跳上成外侧坐－转体 180° 成分腿坐－弹杠并腿－支撑摆动－前摆下（女）				√		
	跳上成分腿坐－分腿坐前进 1 次－弹杠并腿－支撑摆动－后摆下（男）				√		
	跳上成分腿坐－分腿坐前进 1 次－弹杠并腿－前摆成外侧坐－外侧坐越双杠下（女）					√	
	挂臂屈伸上成分腿坐－前滚翻成分腿坐－分腿坐前进 1 次－弹杠并腿－支撑后摆挺身下（男）					√	

（续表）

评定内容		1 级	2 级	3 级	4 级	5 级	6 级
双杠	跳上成分腿坐 – 前滚翻成分腿坐 – 弹杠并腿 – 支撑后摆转体 180° 成分腿坐 – 弹杠并腿 – 支撑后摆挺身下（女）						√
	挂臂屈伸上成分腿坐 – 分腿坐慢起肩倒立 – 前滚翻成分腿坐 – 弹杠并腿 – 支撑后摆转体 180° 成分腿坐 – 弹杠并腿 – 支撑前摆向内转体 180° 下（男）						√

三、等级标准与测试方法

（一）1 级标准

技巧：连续前滚翻

连续前滚翻评分标准	
连续前滚翻 2 个	6 分

1. 测试场地与器材：平整场地、大体操垫（长 2 米、宽 1 米、厚 0.1 米）。

2. 测试方法：每人测试两次，取最好成绩。教师观察评价。

（二）2 级标准

技巧：前滚翻直腿坐 – 肩肘倒立 – 前滚翻成蹲立 – 直立

前滚翻直腿坐 – 肩肘倒立 – 前滚翻成蹲立 – 直立评分标准	
前滚翻直腿坐 – 肩肘倒立 – 前滚翻成蹲立 – 直立	6 分

1. 测试场地与器材：平整场地、大体操垫。

2. 测试方法：每人测试两次，取最好成绩。教师观察评价。

支撑跳跃：跳上成跪撑－跪跳下

跳上成跪撑－跪跳下评分标准	
跳上成跪撑－跪跳下	6分

1. 测试场地与器材：平整场地、踏板、山羊（跳箱）、大体操垫。
2. 测试方法：每人测试两次，取最好成绩。教师观察评价。

单杠：跳上成正撑－后摆下

跳上成正撑－后摆下评分标准	
跳上成正撑－后摆下	6分

1. 测试场地与器材：平整场地、低单杠（单杠杠面高度150厘米至170厘米）、大体操垫。
2. 测试方法：每人测试两次，取最好成绩。教师观察评价。

（三）3级标准

技巧：前滚翻直腿坐－肩肘倒立－前滚翻交叉转体180°－后滚翻

前滚翻直腿坐－肩肘倒立－前滚翻交叉转体180°－后滚翻评分标准	
前滚翻直腿坐－肩肘倒立－前滚翻交叉转体180°－后滚翻	6分

1. 测试场地与器材：平整场地、大体操垫。
2. 测试方法：每人测试两次，取最好成绩。教师观察评价。

支撑跳跃：山羊分腿腾越

山羊分腿腾越评分标准	
山羊分腿腾越	6分

1. 测试场地与器材：平整场地、踏板、山羊（跳箱）、大体操垫。
2. 测试方法：每人测试两次，取最好成绩。教师观察评价。

单杠：单足蹬地翻身上

单足蹬地翻身上评分标准	
单足蹬地翻身上	6分

1. 测试场地与器材：平整场地、低单杠、大体操垫。
2. 测试方法：每人测试两次，取最好成绩。教师观察评价。

（四）4级标准

技巧：前滚翻分腿起 – 燕式平衡 – 前滚翻直腿坐 – 经单肩后滚翻成半劈腿（女）

前滚翻分腿起 – 燕式平衡 – 前滚翻直腿坐 – 经单肩后滚翻成半劈腿评分标准	
前滚翻分腿起 – 燕式平衡 – 前滚翻直腿坐 – 经单肩后滚翻成半劈腿	6分

1. 测试场地与器材：平整场地、大体操垫。
2. 测试方法：每人测试两次，取最好成绩。教师观察评价。

技巧：远撑前滚翻 – 俯平衡 – 手倒立 – 前滚翻成蹲立 – 挺身跳（男）

远撑前滚翻 – 俯平衡 – 手倒立 – 前滚翻成蹲立 – 挺身跳评分标准	
远撑前滚翻 – 俯平衡 – 手倒立 – 前滚翻成蹲立 – 挺身跳	6分

1. 测试场地与器材：平整场地、大体操垫。
2. 测试方法：每人测试两次，取最好成绩。教师观察评价。

支撑跳跃：横箱分腿腾越（男）

横箱分腿腾越评分标准	
横箱分腿腾越	6分

1. 测试场地与器材：平整场地、踏板、山羊（跳箱）、大体操垫。
2. 测试方法：每人测试两次，取最好成绩。教师观察评价。

支撑跳跃：横箱屈腿腾越（女）

横箱屈腿腾越评分标准	
横箱屈腿腾越	6 分

1. 测试场地与器材：平整场地、踏板、山羊（跳箱）、大体操垫。
2. 测试方法：每人测试两次，取最好一次成绩。教师观察评价。

单杠：单足蹬地翻身上成支撑 – 后摆转体 90° 挺身下（女）

单足蹬地翻身上成支撑 – 后摆转体 90° 挺身下评分标准	
单足蹬地翻身上成支撑 – 后摆转体 90° 挺身下	6 分

1. 测试场地与器材：平整场地、低单杠、大体操垫。
2. 测试方法：每人测试两次，取最好成绩。教师观察评价。

单杠：单足蹬地翻身上成支撑 – 单腿摆越成骑撑 – 后腿向前摆越转体 90° 挺身下（男）

单足蹬地翻身上成支撑 – 单腿摆越成骑撑 – 后腿向前摆越转体 90° 挺身下评分标准	
单足蹬地翻身上成支撑 – 单腿摆越成骑撑 – 后腿向前摆越转体 90° 挺身下	6 分

1. 测试场地与器材：平整场地、低单杠、大体操垫。
2. 测试方法：每人测试两次，取最好成绩。教师观察评价。

双杠：跳上成外侧坐 – 转体 180° 成分腿坐 – 弹杠并腿 – 支撑摆动 – 前摆下（女）

跳上成外侧坐 – 转体 180° 成分腿坐 – 弹杠并腿 – 支撑摆动 – 前摆下评分标准	
跳上成外侧坐 – 转体 180° 成分腿坐 – 弹杠并腿 – 支撑摆动 – 前摆下	6 分

1. 测试场地与器材：平整场地、双杠、大体操垫。
2. 测试方法：每人测试两次，取最好成绩。教师观察评价。

双杠：跳上成分腿坐－分腿坐前进 1 次－弹杠并腿－支撑摆动－后摆下（男）

跳上成分腿坐－分腿坐前进 1 次－弹杠并腿－支撑摆动－后摆下评分标准	
跳上成分腿坐－分腿坐前进 1 次－弹杠并腿－支撑摆动－后摆下	6 分

1. 测试场地与器材：平整的场地、双杠、大体操垫。
2. 测试方法：每人测试两次，取最好成绩。教师观察评价。

（五）5 级标准

技巧：燕式平衡－前滚翻直腿坐－经单肩后滚翻成跪撑－单腿摆越成蹲撑－挺身跳（女）

燕式平衡－前滚翻直腿坐－经单肩后滚翻成跪撑－单腿摆越成蹲撑－挺身跳评分标准	
燕式平衡－前滚翻直腿坐－经单肩后滚翻成跪撑－单腿摆越成蹲撑－挺身跳	6 分

1. 测试场地与器材：平整场地、大体操垫。
2. 测试方法：每人测试两次，取最好成绩。教师观察评价。

技巧：俯平衡－侧手翻转体 90° 成直立－直腿后滚翻－挺身跳（男）

俯平衡－侧手翻转体 90° 成直立－直腿后滚翻－挺身跳评分标准	
俯平衡－侧手翻转体 90° 成直立－直腿后滚翻－挺身跳	6 分

1. 测试场地与器材：平整场地、大体操垫。
2. 测试方法：每人测试两次，取最好成绩。教师观察评价。

支撑跳跃：横箱分腿腾越（女）

横箱分腿腾越评分标准	
横箱分腿腾越	6 分

1. 测试场地与器材：平整场地、踏板、山羊（跳箱）、大体操垫。
2. 测试方法：每人测试两次，取最好成绩。教师观察评价。

支撑跳跃：纵箱分腿腾越（男）

纵箱分腿腾越评分标准	
纵箱分腿腾越	6 分

1. 测试场地与器材：平整场地、踏板、山羊（跳箱）、大体操垫。
2. 测试方法：每人测试两次，取最好成绩。教师观察评价。

单杠：双足蹬地翻身上成支撑 – 支撑后回环 – 后摆挺身下（男）

双足蹬地翻身上成支撑 – 支撑后回环 – 后摆挺身下评分标准	
双足蹬地翻身上成支撑 – 支撑后回环 – 后摆挺身下	6 分

1. 测试场地与器材：平整场地、低单杠，大体操垫。
2. 测试方法：每人测试两次，取最好成绩。教师观察评价。

双杠：跳上成分腿坐 – 分腿坐前进 1 次 – 弹杠并腿 – 前摆成外侧坐 – 外侧坐越双杠下（女）

跳上成分腿坐 – 分腿坐前进 1 次 – 弹杠并腿 – 前摆成外侧坐 – 外侧坐越双杠下评分标准	
跳上成分腿坐 – 分腿坐前进 1 次 – 弹杠并腿 – 前摆成外侧坐 – 外侧坐越双杠下	6 分

1. 测试场地与器材：平整场地、双杠、大体操垫。

2. 测试方法：每人测试两次，取最好成绩。教师观察评价。

双杠：挂臂屈伸上成分腿坐 – 前滚翻成分腿坐 – 分腿坐前进 1 次 – 弹杠并腿 – 支撑后摆挺身下（男）

挂臂屈伸上成分腿坐 – 前滚翻成分腿坐 – 分腿坐前进 1 次 – 弹杠并腿 – 支撑后摆挺身下评分标准	
挂臂屈伸上成分腿坐 – 前滚翻成分腿坐 – 分腿坐前进 1 次 – 弹杠并腿 – 支撑后摆挺身下	6 分

1. 测试场地与器材：平整场地、双杠、大体操垫。
2. 测试方法：每人测试两次，取最好成绩。教师观察评价。

（六）6 级标准

技巧：侧手翻 – 转体 90° 成直立 – 手倒立 – 前滚翻 – 挺身跳（女）

侧手翻 – 转体 90° 成直立 – 手倒立 – 前滚翻 – 挺身跳评分标准	
侧手翻 – 转体 90° 成直立 – 手倒立 – 前滚翻 – 挺身跳	6 分

1. 测试场地与器材：平整场地、大体操垫。
2. 测试方法：每人测试两次，取最好成绩。教师观察评价。

技巧：俯平衡 – 侧手翻 – 上步转体 180° – 手倒立 – 前滚翻 – 挺身跳（男）

俯平衡 – 侧手翻 – 上步转体 180° – 手倒立 – 前滚翻 – 挺身跳评分标准	
俯平衡 – 侧手翻 – 上步转体 180° – 手倒立 – 前滚翻 – 挺身跳	6 分

1. 测试场地与器材：平整场地、大体操垫。
2. 测试方法：每人测试两次，取最好成绩。教师观察评价。

支撑跳跃：纵箱分腿腾越（女）

纵箱分腿腾越评分标准	
纵箱分腿腾越	6分

1. 测试场地与器材：平整场地、踏板、山羊（跳箱）、大体操垫。
2. 测试方法：每人测试两次，取最好成绩。教师观察评价。

支撑跳跃：纵箱屈腿腾越（男）

纵箱屈腿腾越评分标准	
纵箱屈腿腾越	6分

1. 测试场地与器材：平整场地、踏板、山羊（跳箱）、大体操垫。
2. 测试方法：每人测试两次，取最好成绩。教师观察评价。

单杠：屈伸上 – 支撑后回环 – 支撑单腿向前摆越成骑撑 – 后腿向前摆越转体 90° 挺身下（男）

屈伸上 – 支撑后回环 – 支撑单腿向前摆越成骑撑 – 后腿向前摆越转体 90° 挺身下评分标准	
屈伸上 – 支撑后回环 – 支撑单腿向前摆越成骑撑 – 后腿向前摆越转体 90° 挺身下	6分

1. 测试场地与器材：平整场地、低单杠、大体操垫。
2. 测试方法：每人测试两次，取最好成绩。教师观察评价。

双杠：跳上成分腿坐 – 前滚翻成分腿坐 – 弹杠并腿 – 支撑后摆转体 180° 成分腿坐 – 弹杠并腿 – 支撑后摆挺身下（女）

跳上成分腿坐 – 前滚翻成分腿坐 – 弹杠并腿 – 支撑后摆转体 180° 成分腿坐 – 弹杠并腿 – 支撑后摆挺身下评分标准	
跳上成分腿坐 – 前滚翻成分腿坐 – 弹杠并腿 – 支撑后摆转体 180° 成分腿坐 – 弹杠并腿 – 支撑后摆挺身下	6分

1. 测试场地与器材：平整场地、双杠、大体操垫。
2. 测试方法：每人测试两次，取最好成绩。教师观察评价。

双扛：挂臂屈伸上成分腿坐 – 分腿坐慢起肩倒立 – 前滚翻成分腿坐 – 弹杠并腿 – 支撑后摆转体 180° 成分腿坐 – 弹杠并腿 – 支撑前摆向内转体 180° 下（男）

挂臂屈伸上成分腿坐 – 分腿坐慢起肩倒立 – 前滚翻成分腿坐 – 弹杠并腿 – 支撑后摆转体 180° 成分腿坐 – 弹杠并腿 – 支撑前摆向内转体 180° 下评分标准	
挂臂屈伸上成分腿坐 – 分腿坐慢起肩倒立 – 前滚翻成分腿坐 – 弹杠并腿 – 支撑后摆转体 180° 成分腿坐 – 弹杠并腿 – 支撑前摆向内转体 180° 下	6 分

1. 测试场地与器材：平整场地、双杠、大体操垫。
2. 测试方法：每人测试两次，取最好成绩。教师观察评价。

北京市中小学生
啦啦操运动技能等级标准

一、评定标准简介

啦啦操运动的各个项目根据中小学生的身心特点分为1~6级。在相应的场地测试，完成该等级规定的全部内容，即达到相应等级。

二、评定内容

评定内容		1级	2级	3级	4级	5级	6级
跳跃	纵身小跳	√					
	团身跳		√				
	接环			√			
	屈体分腿跳				√	√	
	团身跳＋屈体分腿跳						√
旋转	平转360°			√			
	立转360°				√		
	阿拉C杠720°					√	
	阿拉C杠1080°						√
平衡与柔韧	左右腿竖叉、横叉	√	√				
	坐位分腿体前屈	√	√	√	√		
	正搬腿1×8拍					√	√
翻腾	前滚翻			√			
	侧手翻				√		
	单臂侧手翻					√	
	前桥						√

（续表）

评定内容		1级	2级	3级	4级	5级	6级
成套动作	12×8拍操化动作	√	√				
	12×8拍操化动作			√	√		
	12×8拍操化动作					√	
	14×8拍操化动作						√

三、等级标准与测试方法

测试场地与器材：沥青场地、草坪场地、塑胶场地等均可，体操垫若干。

测试方法：学生站在指定场地内完成规定动作，每人两次机会，取最好成绩。教师观察评价。

（一）1级标准

跳跃

纵身小跳评分标准	
起跳过程中双腿膝关节与双脚保持并拢，双腿夹紧，绷脚尖，落地后膝关节微屈缓冲。	6分

平衡与柔韧

左右腿竖叉、横叉评分标准	
竖叉：双腿与胯部紧贴地面，双手置于身体两侧；身体直立，双脚绷脚尖。 横叉：胯部、双腿、身体紧贴地面，膝关节伸直，双脚绷脚尖。	6分

（续表）

坐位分腿体前屈评分标准	
双腿、臀部紧贴地面，上身完全贴住地面。	6 分

成套动作

12×8 拍操化动作评分标准	
第一个八拍，上肢：双手上 V 四拍，胸前交叉屈臂 X 两拍，下 H 两拍；下肢：原地踏步四拍（左腿开始），左腿开合步两拍，左腿收回两拍。 第二个八拍：同第一个八拍，但方向相反。 第三个八拍，上肢：双手双 V 两拍，加油手位两拍，左手侧上冲拳小臂收回打开两次两拍，加油手位两拍；下肢：左腿向前迈一步且双腿弯曲两拍，收回两拍，小跳两次两拍，原地站立两拍。 第四个八拍：同第三个八拍，但方向相反。 第五个八拍，上肢：双手屈臂 X 同时弯腰向下低头两拍，大 T 两拍，左边弓箭两拍，右边弓箭两拍；下肢：双膝弯曲两拍，双膝跪地六拍。 第六个八拍，上肢：加油手位四拍，上 H 抖动花球三拍，加油手位一拍；下肢：左、右腿依次站起四拍，立踝小碎步三拍，原地站立一拍。 第七个八拍，上肢：下 M 八拍；下肢：踢正腿四次，最后一次踢完原地站立。 第八个八拍至第十一个八拍：重复第一至第四个八拍。 第十二个八拍，上肢：左边 K（身体面向左边）两拍，X 两拍（正面），加油手位同时搓花球三拍，右手高冲拳一拍；下肢：左腿向左迈一步同时双腿屈膝两拍，收回两拍，踏步三拍（左脚开始），双腿跳开距离与肩同宽一拍。 基本手位正确，发力明显（学生在 50 秒内完成）。	6 分

（二）2 级标准

跳跃

团身跳评分标准	
起跳后双腿屈膝抬起至大腿与地面平行，小腿与大腿成 90°，双脚绷脚尖。	6 分

平衡与柔韧

左右腿竖叉、横叉评分标准	
竖叉：双腿与胯部紧贴地面，双手置于身体两侧；身体直立，双脚绷脚尖。 横叉：胯部、双腿、身体紧贴地面，膝关节伸直，双脚绷脚尖。	6 分

坐位分腿体前屈评分标准	
双腿、臀部紧贴地面，上身完全贴住地面。	6 分

成套动作

12 × 8 拍操化动作评分标准	
第一个八拍，上肢：双手上 V 四拍，胸前交叉屈臂 X 两拍，下 H 两拍；下肢：原地踏步四拍（左腿开始），左腿开合步两拍，左腿收回两拍。 第二个八拍：同第一个八拍，但方向相反。 第三个八拍，上肢：双手双 V 两拍，加油手位两拍，下 M 四拍；下肢：原地站立四拍，从左向右踏步自转一周回到原地站立姿势四拍（左腿开始）。 第四个八拍：同第三个八拍，但方向相反。 第五个八拍，上肢：双手屈臂 X 同时弯腰向下低头两拍，大 T 两拍，左边弓箭两拍，右边弓箭两拍；下肢：双膝弯曲两拍，双膝跪地六拍。	6 分

12×8 拍操化动作评分标准	
第六个八拍，上肢：加油手位四拍，上 H 抖动花球三拍，加油手位一拍；下肢：左、右腿依次站起四拍，立踝小碎步三拍，原地站立一拍。 第七个八拍，上肢：下 M 八拍；下肢：踢正腿四次，最后一次踢完原地站立。 第八个八拍至第十一个八拍：重复第一至第四个八拍。 第十二个八拍，上肢：左边 K（身体面向左边）两拍，加油手位两拍（正面），加油手位同时搓花球三拍，右手高冲拳一拍；下肢：左腿向左迈一步同时双腿屈膝两拍，收回两拍，踏步三拍（左脚开始），双腿跳开距离与肩同宽一拍。 操化基本手位正确，发力明显（学生在 50 秒内完成）。	6 分

（三）3 级标准

跳跃

接环评分标准	
起跳后左腿膝关节弯曲与地面平行，右腿向后抬起，头部向后与右腿接触。	6 分

旋转

平转 360° 评分标准	
开始旋转时手臂展开至侧平举位置，双脚旋转保持半脚掌距离，双腿旋转位于一条直线上。	6 分

平衡与柔韧

坐位分腿体前屈评分标准	
双腿和臀部紧贴地面，上身完全贴住地面。	6 分

翻腾

前滚翻评分标准	
身体团紧，头部后方着地后，其余各部位依次接触地面翻滚后双手抱双腿站起。	6分

成套动作

12×8拍操化动作评分标准	
第一个八拍，上肢：上V两拍，下V两拍，加油手位击掌两次两拍，下H两拍；下肢：原地踏步八拍。 第二个八拍，上肢：右手上L两拍，加油手位两拍，左手上L两拍，加油手位两拍；下肢：左腿向左迈一步开合步两拍，收回两拍，右腿向右迈一步开合步两拍，收回两拍。 第三个八拍：自选动作技术1。 第四个八拍，上肢：上A两拍，大T两拍，小T一拍，屈臂H一拍，下H两拍；下肢：原地踏步四拍，左腿上步，双腿屈膝两拍，右腿并左腿两拍。 第五个八拍，上肢：左手斜线两拍，右手斜线两拍，X两拍，加油手位两拍；下肢：跳开合步六拍，左腿并右腿两拍。 第六个八拍，上肢：左手弓箭两拍，加油手位两拍，右手弓箭两拍，加油手位两拍；下肢：右膝跪地，左腿弯曲（不能坐在腿上）八拍。 第七个八拍，上肢：左手在上小H四拍，屈臂H四拍；下肢：右腿并拢左腿后站立四拍，原地踏步四拍（左腿开始）。 第八个八拍：自选动作技术2。 第九个八拍至第十个八拍：重复第一、第二个八拍。 第十一个八拍，上肢：左手侧上冲拳，小臂收回打开两次两拍，加油手位击掌两次两拍，右手侧上冲拳，小臂收回打开两次两拍，加油手位击掌两次两拍；下肢：小跳两次两拍，原地站立两拍，小跳两次两拍，原地站立两拍。	6分

（续表）

12×8 拍操化动作评分标准	
第十二个八拍，上肢：左边 K（身体面向左边）两拍，加油手位两拍（正面），加油手位同时搓花球三拍，右手高冲拳一拍；下肢：左腿向左迈一步同时双腿屈膝两拍，收回两拍，踏步三拍（左脚开始），双腿跳开距离与肩同宽一拍。 基本手位正确，发力明显（学生在 50 秒内完成）。	6 分

（四）4 级标准

跳跃

屈体分腿跳评分标准	
起跳后双腿夹角≥ 60°，双腿与地面平行或高于水平面。	6 分

旋转

立转 360° 评分标准	
双手置于胸前，主力腿立踝，完整旋转 360°。	6 分

平衡与柔韧

坐位分腿体前屈评分标准	
双腿和臀部紧贴地面，上身完全贴住地面。	6 分

翻腾

侧手翻评分标准	
手脚在一条直线上依次落地。	6 分

成套动作

12×8 拍操化动作评分标准	
第一个八拍，上肢：上 V 两拍，下 V 两拍，加油手位击掌两次两拍，下 H 两拍；下肢：原地踏步八拍。 第二个八拍，上肢：右手上 L 两拍，加油手位两拍，左手上 L 两拍，加油手位两拍；下肢：左腿向左迈一步开合步两拍，收回两拍，右腿向右迈一步开合步两拍，收回两拍。 第三个八拍：自选动作技术 1。 第四个八拍，上肢：上 A 两拍，大 T 两拍，小 T 一拍，屈臂 H 一拍，下 H 两拍；下肢：原地踏步四拍，左腿上步，双腿屈膝两拍，右腿并左腿两拍。 第五个八拍，上肢：左手斜线两拍，右手斜线两拍，X 两拍，加油手位两拍；下肢：跳开合步六拍，左腿并右腿两拍。 第六个八拍，上肢：左手弓箭两拍，加油手位两拍，右手弓箭两拍，加油手位两拍；下肢：右膝跪地，左腿弯曲（不能坐在腿上）八拍。 第七个八拍，上肢：左手在上小 H 四拍，屈臂 H 四拍；下肢：右腿并拢左腿后站立四拍，原地踏步四拍（左腿开始）。 第八个八拍：自选动作技术 2。 第九个八拍至第十个八拍：重复第一、第二个八拍。 第十一个八拍，上肢：左手侧上冲拳，小臂收回打开两次两拍，加油手位击掌两次两拍，右手侧上冲拳，小臂收回打开两次两拍，加油手位击掌两次两拍；下肢：小跳两次两拍，原地站立两拍，小跳两次两拍，原地站立两拍。 第十二个八拍上肢：左边 K（身体面向左边）两拍，加油手位两拍（正面），加油手位同时搓花球三拍，右手高冲拳一拍；下肢：左腿向左迈一步同时双腿屈膝两拍，收回两拍，踏步三拍（左脚开始），双腿跳开距离与肩同宽一拍。 基本手位正确，发力明显（学生在 50 秒内完成）。	6 分

（五）五级标准

跳跃

屈体分腿跳评分标准	
起跳后双腿分开向上踢，绷脚尖。双腿夹角≥ 60°，双腿与地面平行或高于水平面。	6 分

旋转

阿拉 C 杠 720° 评分标准	
摆动腿的收与开的高度保持一致，与地面平行，旋转 720°。	6 分

平衡与柔韧

正搬腿 1×8 拍评分标准	
站稳保持八拍，被搬起腿与支撑腿成 170°~180°。	6 分

翻腾

单臂侧手翻标准	
单手支撑躯干，右（左）手收在胸前或腰间。	6 分

成套动作

12×8 拍操化动作评分标准	
第一个八拍，上肢：上 A 一拍，加油手位一拍，大 T 一拍，小 T 一拍，下 H 两拍，下 M 两拍；下肢：原地踏步八拍。 第二个八拍，上肢：右手在上的上 L 两拍，加油手位两拍，左手在上的上 L 两拍，加油手位两拍；下肢：左腿向左迈一步呈开合步两拍，左腿收回两拍，右腿向右迈一步呈开合步两拍，右腿收回两拍。	6 分

（续表）

12 × 8 拍操化动作评分标准	
第三个八拍：动作技术 1。 第四个八拍，上肢：右手弓箭一拍，左手弓箭一拍，右手弓箭一拍，加油手位一拍，左手扶左膝、右膝跪地，向右滚一圈、右手扶右膝、左膝跪地共三拍，起立加油手位一拍；下肢：右腿向右迈一步一拍，左腿交叉一步一拍，右腿继续迈一步一拍，左腿并右腿一拍。后四拍见上肢动作。 第五个八拍，上肢：左边 K 两拍，弯腰低头屈臂 X 两拍，X 两拍，下 H 两拍；下肢：身体向左转，行进间踏步四拍（左脚开始），转回正面原地踏步四拍。 第六个八拍：动作技术 2。 第七个八拍，上肢：大 T 两拍，左手上 L 两拍，加油手位两拍，上 A 两拍；下肢：右腿向右迈一步呈开合步两拍，左腿交叉步两拍，转身 180° 两拍，分腿站立两拍。 第八个八拍，上肢：大 T 两拍（面向右），踢右腿（正腿）两拍，下 X 两拍，加油手位两拍；下肢：转身向右，左脚前右脚后两拍，踢腿后脚并拢两拍，左腿后撤两拍，右腿并左腿两拍。 第九个八拍：动作技术 3。 第十个八拍，上肢：右手斜下冲拳一拍，右手侧上冲拳一拍，左手斜下冲拳一拍，左手侧上冲拳一拍，加油手位搓花球两拍，下 H 两拍；下肢：原地踏步八拍。 第十一个八拍：动作技术 4。 第十二个八拍，上肢：左边 K（身体面向左边）两拍，加油手位两拍（正面），加油手位同时搓花球三拍，右手高冲拳一拍；下肢：左腿向左迈一步同时双腿屈膝两拍，收回两拍，踏步三拍（左脚开始），双腿跳开距离与肩同宽一拍。 基本手位正确，发力明显（学生在 1 分钟内完成）。	6 分

（六）6级标准

跳跃

团身跳＋屈体分腿跳评分标准	
起跳后双腿屈膝抬起至大腿与地面平行，小腿与大腿成90°，两次起跳无间隙。	6分

旋转

阿拉C杠1080°评分标准	
摆动腿的收与开的高度保持一致，与地面平行，旋转1080° 。	6分

平衡与柔韧

正搬腿1×8拍评分标准	
站稳保持八拍，被搬起腿与支撑腿成170° ~180° 。	6分

翻腾

前桥评分标准	
双手上举贴耳朵，两腿前后分开呈竖叉后右（左）腿落地，上身抬起同时左（右）脚收回。	6分

成套动作

14×8拍操化动作评分标准	
第一个八拍，上肢：上V一拍，加油手位一拍，下V一拍，屈臂X一拍，大T两拍，加油手位两拍；下肢：双腿分开与肩同宽站立六拍，右脚并左脚两拍。 第二个八拍，上肢：上A一拍，加油手位一拍，大T一拍，小T一拍，下H两拍，下M两拍；下肢：原地踏步八拍。	6分

（续表）

14×8 拍操化动作评分标准	
第三个八拍，上肢：右手在上的上 L 两拍，加油手位两拍，左手在上的上 L 两拍，加油手位两拍；下肢：左腿向左迈一步呈开合步两拍，左腿收回两拍，右腿向右迈一步呈开合步两拍，右腿收回两拍。 第四个八拍：动作技术 1。 第五个八拍，上肢：右手弓箭一拍，左手弓箭一拍，右手弓箭一拍，加油手位一拍，左手扶左膝、右膝跪地、向右滚一圈、右手扶右膝、左膝跪地共三拍，起立加油手位一拍；下肢：右腿向右迈一步一拍，左腿交叉一步一拍，右腿继续迈一步一拍，左腿并右腿一拍。后四拍见上肢动作。 第六个八拍，上肢：左边 K 两拍，弯腰低头屈臂 X 两拍，X 两拍，下 H 两拍；下肢：身体向左转，行进间踏步四拍（左脚开始），转回正面原地踏步四拍。 第七个八拍：动作技术 2。 第八个八拍，上肢：大 T 两拍，左手上 L 两拍，加油手位两拍，上 A 两拍；下肢：右腿向右迈一步呈开合步两拍，左腿交叉步两拍，转身 180° 两拍，分腿站立两拍。 第九个八拍，上肢：大 T 两拍（面向右），踢右腿（正腿）两拍，下 X 两拍，加油手位两拍；下肢：转身向右，左脚前右脚后两拍，踢腿后脚并拢两拍，左腿后撤两拍，右腿并左腿两拍。 第十个八拍：动作技术 3。 第十一个八拍，上肢：右手斜下冲拳一拍，右手侧上冲拳一拍，左手斜下冲拳一拍，左手侧上冲拳一拍，加油手位搓花球两拍，下 H 两拍；下肢：原地踏步八拍。 第十二个八拍：动作技术 4。 第十三个八拍，上肢：加油手位两拍，左手 R 两拍，下 X 两拍，加油手位两拍；下肢：左腿向前迈一步同时两腿屈膝两拍，右腿并左腿两拍，原地踏步四拍。	6 分

（续表）

14×8 拍操化动作评分标准	
第十四个八拍，上肢：左边 K（身体面向左边）两拍，加油手位两拍（正面），加油手位同时搓花球三拍，右手高冲拳一拍；下肢：左腿向左迈一步同时双腿屈膝两拍，收回两拍，踏步三拍（左脚开始），双腿跳开距离与肩同宽一拍。 基本手位正确，发力明显（学生在 1 分钟内完成）。	6 分

北京市中小学生
艺术体操运动技能等级标准

一、评定标准简介

艺术体操运动的各个项目根据中小学生的身心特点分为1~6级。在相应的场地测试，完成该等级规定的全部内容，即达到相应等级。每个等级相应动作可做两次，取最好成绩。

二、评定内容

评定内容		1级	2级	3级	4级	5级	6级
专项能力	手位、波浪组合	√		√			
	地面踢腿组合		√		√		
	技巧组合			√			
	结合器械的身体动作组合				√	√	√
规定成套	中国学生艺术体操技术等级1级徒手、球操（任选一套）	√					
	中国学生艺术体操技术等级2级徒手、圈操（任选一套）		√				
	中国学生艺术体操技术等级3级徒手、纱巾操（任选一套）			√			
	中国学生艺术体操技术等级4级徒手、绳操（任选一套）				√		
	中国学生艺术体操技术等级5级徒手、棒操（任选一套）					√	
	中国学生艺术体操技术等级6级徒手、带操（任选一套）						√
自选成套	徒手、绳、圈、球、棒、带（任选一项）					√	√

三、等级标准与测试方法

测试场地与器材：测试场地要平整，室内外均可。器材类测试需准备必要的器材。

（一）1 级标准

专项能力

手位、波浪组合评分标准	
手位、波浪组合	6 分

测试方法：每 5~8 人为一组，配乐测试组合动作。完成芭蕾舞手臂的 7 个基本位置、4 种不同部位的波浪动作。教师观察评价。

规定成套

中国学生艺术体操技术等级 1 级徒手、球操（任选一套）评分标准	
中国学生艺术体操技术等级 1 级徒手	6 分
中国学生艺术体操技术等级 1 级球操	6 分

测试方法：每 5~8 人为一组，配乐测试成套动作。教师观察评价。

（二）2 级标准

专项能力

地面踢腿组合评分标准	
地面踢腿组合	6 分

测试方法：每 5~8 人为一组，配乐测试组合动作。完成两腿向前、侧、后 3 个方向的 90° 踢腿组合，每个组合完成 2 个 8 拍。教师观察评价。

规定成套

中国学生艺术体操技术等级 2 级徒手、圈操（任选一套）评分标准	
中国学生艺术体操技术等级 2 级徒手	6 分
中国学生艺术体操技术等级 2 级圈操	6 分

测试方法：每 5~8 人为一组，配乐测试成套动作。教师观察评价。

（三）3 级标准

专项能力

手位、波浪组合评分标准	
手位、波浪组合	6 分

测试方法：每 5~8 人为一组，配乐测试组合动作。在高提踵下完成芭蕾舞手臂的 7 个基本位置、6 种不同部位的波浪动作。教师观察评价。

技巧组合评分标准	
技巧组合	6 分

测试方法：每人独立完成技巧测试组合动作（可配一位保护帮助者）。组合动作包含 3~5 个不同的技巧动作（例如：前滚翻、侧手翻、滑叉、飞身等）。教师观察评价。

规定成套

中国学生艺术体操技术等级 3 级徒手、纱巾操（任选一套）评分标准	
中国学生艺术体操技术等级 3 级徒手	6 分
中国学生艺术体操技术等级 3 级纱巾操	6 分

测试方法：每人独立配乐测试成套动作。教师观察评价。

（四）4 级标准

专项能力

地面踢腿组合评分标准	
地面踢腿组合	6 分

测试方法：每 5~8 人为一组，配乐测试组合动作。完成两腿向前、侧、后 3 个方向的大于 90° 的踢腿组合，每个组合完成 2 个 8 拍。教师观察评价。

结合器械的身体动作组合评分标准	
结合器械的身体动作组合	6 分

测试方法：每人独立完成结合器械的身体动作（绳、圈、球、棒、带任选其中一种），动作包含至少 1 种器械技术和 1 个身体难度（例如：搬侧腿单臂滚球）。教师观察评价。

规定成套

中国学生艺术体操技术等级 4 级徒手、绳操（任选一套）评分标准	
中国学生艺术体操技术等级 4 级徒手	6 分
中国学生艺术体操技术等级 4 级绳操	6 分

测试方法：每人独立配乐测试成套动作。教师观察评价。

（五）5 级标准

专项能力

结合器械的身体动作组合评分标准	
结合器械的身体动作组合	6 分

测试方法：每人独立完成结合器械的身体动作（绳、圈、球、棒、带任选其中一种），动作包含至少 1 种器械技术和 1 个身体难度（例

如：搬侧腿单臂滚球）。教师观察评价。

规定成套

中国学生艺术体操技术等级 5 级徒手、棒操（任选一套）评分标准	
中国学生艺术体操技术等级 5 级徒手	6 分
中国学生艺术体操技术等级 5 级棒操	6 分

测试方法：每人独立配乐测试成套动作。教师观察评价。

自选成套

徒手、绳、圈、球、棒、带（任选其中一项）评分标准	
徒手、绳、圈、球、棒、带（任选其中一项）	6 分

测试方法：每人独立完成配乐自选成套动作（徒手、绳、圈、球、棒、带任选其中一种），时间为 50 秒至 1 分钟。动作包含 1 种器械技术、2 个结合器械的身体难度（包含 3 种不同类型）、2 个技巧动作，舞蹈风格自定。教师观察评价。

（六）6 级标准

专项能力

结合器械的身体动作组合评分标准	
结合器械的身体动作组合	6 分

测试方法：每人独立完成结合器械的身体动作（绳、圈、球、棒、带任选其中一种），动作包含至少 1 种器械技术和 1 个身体难度（例如：搬侧腿单臂滚球）。教师观察评价。

规定成套

中国学生艺术体操技术等级 6 级徒手、带操（任选一套）评分标准	
中国学生艺术体操技术等级 6 级徒手	6 分
中国学生艺术体操技术等级 6 级带操	6 分

测试方法：每 5~8 人为一组，配乐测试成套动作。教师观察评价。

自选成套

徒手、绳、圈、球、棒、带（任选其中一项）评分标准	
徒手、绳、圈、球、棒、带（任选其中一项）	6 分

测试方法：每人独立完成配乐自选成套动作（徒手、绳、圈、球、棒、带任选其中一项），时间为 1 分至 1 分 10 秒。动作包含 2 次协作、1 次抛接、1 个技巧动作、1 种器械技术、1 个结合器械的身体难度（包含 3 种不同类型），舞蹈风格自定。教师观察评价。

北京市中小学生
跳绳运动技能等级标准

一、评定标准简介

跳绳运动的各个项目根据中小学生的身心特点分为1~6级。在相应的场地测试，完成该等级规定的其中一项内容，即达到相应等级。

二、评定内容

评定内容	1 级	2 级	3 级	4 级	5 级	6 级
1 分钟单摇跳	√	√	√	√	√	√
30 秒双摇跳		√	√	√	√	√
30 秒单摇编花跳			√	√	√	√
30 秒双摇编花跳				√	√	√

三、等级标准与测试方法

测试场地与器材：测试场地平整即可。跳绳可根据个人需要进行选用和调节。秒表 1 块。

（一）1 级标准

1 分钟单摇跳

1 分钟单摇跳评分标准		
女生	130 个	6 分
男生	120 个	6 分

测试方法：双手持绳向前（后）摇动，绳子经头上至脚下绕过身体一周。

（二）2 级标准

1 分钟单摇跳

1 分钟单摇跳评分标准		
女生	150 个	6 分
男生	140 个	6 分

测试方法：双手持绳向前（后）摇动，绳子经头上至脚下绕过身体一周。此动作可采用双脚跳或单足轮换跳两种方式，测试时只能选择一种方式完成。每人两次机会，取最好成绩。

30 秒双摇跳

30 秒双摇跳评分标准		
女生	28 个	6 分
男生	28 个	6 分

测试方法：双手持绳向前（后）摇动，双脚同时起跳，每跳起一次，绳子经头上至脚下绕过身体两周。每人两次机会，取最好成绩。

（三）3 级标准

1 分钟单摇跳

1 分钟单摇跳评分标准		
女生	170 个	6 分
男生	160 个	6 分

测试方法：双手持绳向前（后）摇动，绳子经头上至脚下绕过身体一周。此动作可采用双脚跳或单足轮换跳两种方式，测试时只能选择一种方式完成。每人两次机会，取最好成绩。

30 秒双摇跳

30 秒双摇跳评分标准		
女生	40 个	6 分
男生	38 个	6 分

测试方法：双手持绳向前（后）摇动，双脚同时起跳，每跳起一次，绳子经头上至脚下绕过身体两周。每人两次机会，取最好成绩。

30 秒单摇编花跳

30 秒单摇编花跳评分标准		
女生	36 个	6 分
男生	34 个	6 分

测试方法：双手持绳向前（后）摇动，绳子经头上摇至腹前时双手交叉使绳子过脚，之后双手打开再做一个普通单摇跳，即为单摇编花跳。此动作可先编花再单摇，也可先单摇再编花，测试时只记录编花时绳子过脚的次数。此动作可采用双脚跳或单足轮换跳两种方式，测试时只能选择一种方式完成。每人两次机会，取最好成绩。

（四）4 级标准

1 分钟单摇跳

1 分钟单摇跳评分标准		
女生	190 个	6 分
男生	180 个	6 分

测试方法：双手持绳向前（后）摇动，绳子经头上至脚下绕过身体一周。此动作可采用双脚跳或单足轮换跳两种方式，测试时只能选择一种方式完成。每人两次机会，取最好成绩。

30 秒双摇跳

30 秒双摇跳评分标准		
女生	48 个	6 分
男生	50 个	6 分

测试方法：双手持绳向前（后）摇动，双脚同时起跳，每跳起一次，绳子经头上至脚下绕过身体两周。每人两次机会，取最好成绩。

30 秒单摇编花跳

30 秒单摇编花跳评分标准		
女生	40 个	6 分
男生	42 个	6 分

测试方法：双手持绳向前（后）摇动，绳子经头上摇至腹前时双手交叉使绳子过脚，之后双手打开再做一个普通单摇跳，即为单摇编花跳。此动作可先编花再单摇，也可先单摇再编花，测试时只记录编花时绳子过脚的次数。此动作可采用双脚跳或单足轮换跳两种方式，测试时只能选择一种方式完成。每人两次机会，取最好成绩。

30 秒双摇编花跳

30 秒双摇编花跳评分标准		
女生	38 个	6 分
男生	40 个	6 分

测试方法：双手持绳向前（后）摇动，双脚同时起跳，每跳起一次，绳子经头上至脚下绕过身体两周，其中手臂直摇和编花各一周。此动作可先直摇后编花，也可先编花后直摇。每人两次机会，取最好成绩。

（五）5级标准

1分钟单摇跳

1分钟单摇跳评分标准		
女生	205个	6分
男生	195个	6分

测试方法：双手持绳向前（后）摇动，绳子经头上至脚下绕过身体一周。此动作可采用双脚跳或单足轮换跳两种方式，测试时只能选择一种方式完成。每人两次机会，取最好成绩。

30秒双摇跳

30秒双摇跳评分标准		
女生	56个	6分
男生	58个	6分

测试方法：双手持绳向前（后）摇动，双脚同时起跳，每跳起一次，绳子经头上至脚下绕过身体两周。每人两次机会，取最好成绩。

30秒单摇编花跳

30秒单摇编花跳评分标准		
女生	46个	6分
男生	48个	6分

测试方法：双手持绳向前（后）摇动，绳子经头上摇至腹前时双手交叉使绳子过脚，之后双手打开再做一个普通单摇跳，即为单摇编花跳。此动作可先编花再单摇，也可先单摇再编花，测试时只记录编花时绳子过脚的次数。此动作可采用双脚跳或单足轮换跳两种方式，测试时只能选择一种方式完成。每人两次机会，取最好成绩。

30 秒双摇编花跳

30 秒双摇编花跳评分标准		
女生	43 个	6 分
男生	45 个	6 分

测试方法：双手持绳向前（后）摇动，双脚同时起跳，每跳一次，绳子经头上至脚下绕过身体两周，其中手臂直摇和编花各一周。此动作可先直摇后编花，也可先编花后直摇。每人两次机会，取最好成绩。

（六）6 级标准

1 分钟单摇跳

1 分钟单摇跳评分标准		
女生	220 个	6 分
男生	210 个	6 分

测试方法：双手持绳向前（后）摇动，绳子经头上至脚下绕过身体一周。此动作可采用双脚跳或单足轮换跳两种方式，测试时只能选择一种方式完成。每人两次机会，取最好成绩。

30 秒双摇跳

30 秒双摇跳评分标准		
女生	70 个	6 分
男生	74 个	6 分

测试方法：双手持绳向前（后）摇动，双脚同时起跳，每跳起一次，绳子经头上至脚下绕过身体两周。每人两次机会，取最好成绩。

30 秒单摇编花跳

30 秒单摇编花跳评分标准		
女生	56 个	6 分
男生	60 个	6 分

测试方法：双手持绳向前（后）摇动，绳子经头上摇至腹前时双手交叉使绳子过脚，之后双手打开再做一个普通单摇跳。此动作可先编花再单摇，也可先单摇再编花，记录编花时绳子过脚的次数。此动作可采用双脚跳或单足轮换跳两种方式，测试时只能选择一种方式完成。每人两次机会，取最好成绩。

30 秒双摇编花跳

30 秒双摇编花跳评分标准		
女生	54 个	6 分
男生	58 个	6 分

测试方法：双手持绳向前（后）摇动，双脚同时起跳，每跳起一次，绳子经头上至脚下绕过身体两周，其中手臂直摇和编花各一周。此动作可先直摇后编花，也可先编花后直摇。每人两次机会，取最好成绩。

北京市中小学生
踢毽运动技能等级标准

一、评定标准简介

踢毽运动的各个项目根据中小学生的身心特点分为1~6级，在相应的场地测试，完成该等级规定的其中一项内容，即达到相应等级。

二、评定内容

评定内容	1级	2级	3级	4级	5级	6级
1分钟单脚盘踢	√	√	√	√	√	√
1分钟双脚盘踢	√	√	√	√	√	√
1分钟磕踢	√	√	√	√	√	√

三、等级标准与测试方法

1分钟单脚盘踢

等级	1级	2级	3级	4级	5级	6级
女生	25个	35个	45个	60个	75个	100个
男生	20个	30个	40个	55个	70个	95个

测试方法：踢毽脚每踢毽一次，要落地一次；踢毽高度不高于下颌。每人两次机会，取最好成绩。

1 分钟双脚盘踢

等级	1 级	2 级	3 级	4 级	5 级	6 级
女生	12 对	18 对	24 对	30 对	36 对	46 对
男生	10 对	16 对	22 对	28 对	34 对	44 对

测试方法：用两脚内侧交替踢毽子，两脚内侧各踢一次为一对，计数一次。每人两次机会，取最好成绩。

1 分钟磕踢

等级	1 级	2 级	3 级	4 级	5 级	6 级
女生	14 对	20 对	26 对	32 对	38 对	48 对
男生	12 对	18 对	24 对	30 对	36 对	46 对

测试方法：用两腿互换磕踢毽子，两腿各磕踢一次为一对，计数一次。每人两次机会，取最好成绩。

北京市中小学生
软式棒垒球运动技能等级标准

一、评定标准简介

软式棒垒球运动的各个项目根据中小学生的身心特点分为1~6级。在相应的场地测试，完成该等级规定的全部内容，即达到相应等级。

二、评定内容

评定内容	1级	2级	3级	4级	5级	6级
握球、握棒、准备姿势、跑垒	√					
单手肩上传接球	√					
接地滚球		√				
接高飞球			√			
接反弹球					√	
投球				√		
投平直球					√	
投旋转球						√
击球	√	√				
击地滚球			√			
击平直球				√		√
比赛	√	√	√	√	√	√

三、等级标准与测试方法

测试场地与器材：软式棒垒球若干，软式棒垒球棒若干，垒包、垒垫若干，软式棒垒球场。

（一）1级标准

握球、握棒、准备姿势、跑垒

握球、握棒、准备姿势、跑垒评分标准	
握球、握棒、准备姿势、跑垒	6分

测试方法：展示握球、握棒、准备姿势、跑垒。教师观察评价。

单手肩上传接球

单手肩上传接球评分标准	
单手肩上传接球	6个

测试方法：两人相距4~6米。两人单手肩上传接球10个。

击球

击球评分标准	
击球	4个

测试方法：每人击10个球。

比赛

比赛评分标准	
比赛	6分

测试场地：垒间距13米。

测试方法：击球用“T”座，不需投手进行比赛。教师观察评价。

（二）2 级标准

接地滚球

接地滚球评分标准	
接地滚球	6 个

测试方法：每人接 10 个球。

击球

击球评分标准	
击球	6 个

测试方法：每人击 10 个球。

比赛

比赛评分标准	
比赛	6 分

测试场地：垒间距 15 米。

测试方法：击球用“T”座，不需投手进行比赛。教师观察评价。

（三）3 级标准

接高飞球

接高飞球评分标准	
接高飞球（女）	4 个
接高飞球（男）	6 个

测试方法：每人接 10 个球。

击地滚球

击地滚球评分标准	
击地滚球（女）	4 个
击地滚球（男）	6 个

测试方法：每人击 10 个球。

比赛

比赛评分标准	
比赛	6 分

测试场地：垒间距 18 米。

测试方法：击球用“T”座，不需投手进行比赛。教师观察评价。

（四）4 级标准

投球

投球评分标准	
投球（女）	6 个
投球（男）	7 个

测试方法：每人投10个球。投球距离：12.19米（女），14.02米（男）。

击平直球

击平直球评分标准	
击平直球（女）	6 个
击平直球（男）	8 个

测试方法：每人击 10 个球。

比赛

比赛评分标准	
比赛	6 分

测试场地：垒间距 18 米。

测试方法：需投手进行比赛。教师观察评价。投球距离：12.19 米（女），14.02 米（男）。

（五）5 级标准

接反弹球

接反弹球评分标准	
接反弹球（女）	6 个
接反弹球（男）	8 个

测试方法：每人接 10 个球。

投平直球

投平直球评分标准	
投平直球（女）	6 个
投平直球（男）	8 个

测试方法：每人投10个球。投球距离：12.19米（女），14.02米（男）。

比赛

比赛评分标准	
比赛	6 分

测试场地：垒间距 18 米。

测试方法：需投手进行比赛。教师观察评价。投球距离：12.19

米（女），14.02 米（男）。

（六）6 级标准

投旋转球

投旋转球评分标准	
投旋转球（女）	6 个
投旋转球（男）	8 个

测试方法：每人投10个球。投球距离：12.19米（女），14.02米（男）。

击平直球

击平直球评分标准	
击平直球（女）	6 个
击平直球（男）	8 个

测试方法：每人击 10 个球。

比赛

比赛评分标准	
比赛	6 分

测试场地：垒间距 18 米。

测试方法：需投手进行比赛。教师观察评价。投球距离：12.19 米（女），14.02 米（男）。

北京市中小学生
轮滑运动技能等级标准

一、评定标准简介

轮滑的各个项目根据中小学生的身心特点分为1~6级。在相应的场地测试，完成该等级规定的全部内容，即达到相应等级。

二、评定内容

评定内容		1级	2级	3级	4级	5级	6级
滑行	前进移动	√					
	前画弧滑行	√					
	单蹬双滑行		√				
	交叉步转弯			√			
	后画弧滑行				√		
	后曲线倒滑					√	
	倒滑交叉步						√
	往返滑行	√	√	√	√	√	√
制动	“T”字制动	√					
	“八”字制动		√	√			
	倒滑双脚内刃制动				√	√	
	左右侧身制动						√

三、等级标准与测试方法

（一）1级标准

前进移动、“T”字制动

前进移动、“T”字制动评分标准	
前进移动、“T”字制动	6分

测试场地：柏油或塑胶场地。

测试方法：从起点正面前进移动10米。通过10米线后做“T”字制动，摔倒即不合格。每人两次机会，取最好成绩。

前画弧滑行、“T”字制动

前画弧滑行、“T”字制动评分标准	
前画弧滑行、“T”字制动	6分

测试场地：柏油或塑胶场地。

测试方法：从起点出发，利用前画弧技术滑行10米。通过10米线后做“八”字制动。摔倒即不合格。每人两次机会，取最好成绩。

往返滑行

往返滑行评分标准	
25米往返滑行	6分

测试场地：柏油或塑胶跑道。

测试方法：学生从起点出发，在25米处折返至起点，摔倒即不合格。每人两次机会，取最好成绩。

（二）2 级标准

单蹬双滑行、“八”字制动

单蹬双滑行、“八”字制动评分标准	
单蹬双滑行、“八”字制动	6 分

测试场地：柏油或塑胶场地。

测试方法：从起点出发，利用单蹬双滑技术滑行 30 米。通过 30 米线后做“八”字制动。摔倒即不合格。每人两次机会，取最好成绩。

往返滑行

往返滑行评分标准	
30 米往返滑行	6 分

测试场地：柏油或塑胶场地。

测试方法：学生从起点出发，在 30 米处折返至起点。每人两次机会，取最好成绩。

（三）3 级标准

交叉步转弯、“八”字制动

交叉步转弯、“八”字制动评分标准	
交叉步转弯、“八”字制动	6 分

测试场地：柏油或塑胶场地。起点至第一标志、标志之间均隔 5 米。

交叉步转弯测试方法：从起点出发，按规定路线滑行，每次转弯要利用交叉步滑行技术，最终滑至终点。摔倒即不合格。每人两次机会，取最好成绩。

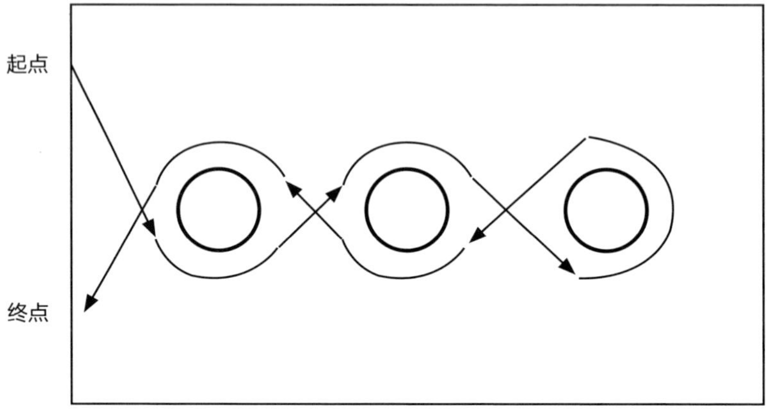

往返滑行

往返滑行评分标准	
50 米往返滑行	6 分

测试场地：柏油或塑胶场地。

测试方法：学生从起点出发，在 50 米处折返至起点。每人两次机会，取最好成绩。

（四）4 级标准

后画弧滑行、双脚内刃制动

后画弧滑行、倒滑双脚内刃制动评分标准	
后画弧滑行、倒滑双脚内刃制动	6 分

测试场地：柏油或塑胶场地。

测试方法：从起点出发，利用后画弧技术倒滑 15 米。通过 15 米线后做双脚内刃制动。摔倒即不合格。每人两次机会，取最好成绩。

往返滑行

往返滑行评分标准	
50 米 ×4 往返滑行	6 分

测试场地：柏油或塑胶场地。

测试方法：学生从起点出发，在 50 米处折返至起点。每人两次机会，取最好成绩。

（五）5 级标准

后曲线倒滑、倒滑双脚内刃制动

后曲线倒滑、倒滑双脚内刃制动评分标准	
后曲线倒滑、倒滑双脚内刃制动	6 分

测试场地：柏油或塑胶场地。

测试方法：从起点出发，利用后曲线技术倒滑 10 米。通过 10 米线后做双脚内刃制动。摔倒即不合格。每人两次机会，取最好成绩。

往返滑行

往返滑行评分标准	
50 米 ×4 往返滑行	6 分

测试场地：柏油或塑胶场地。

测试方法：学生从起点出发，在 50 米处折返至起点，再重复一次上述过程。每人两次机会，取最好成绩。

（六）6 级标准

倒滑交叉步、左右侧身制动

倒滑交叉步、左右侧身制动评分标准	
倒滑交叉步、左右侧身制动	6 分

测试场地：柏油或塑胶场地。起点至第一标志、标志之间均隔5米。

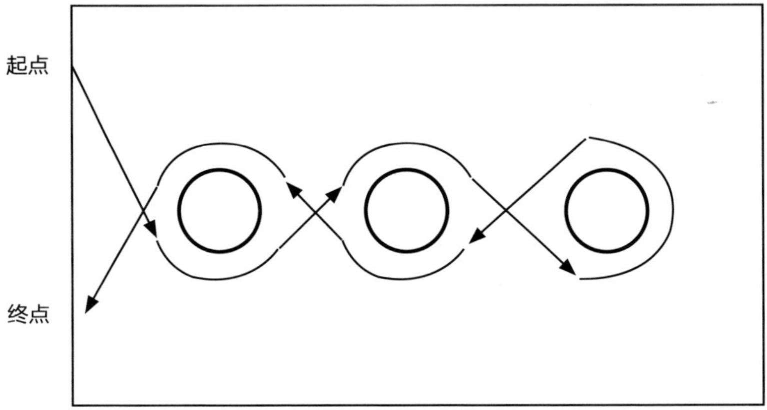

测试方法：从起点出发，按规定路线滑行，左右侧身制动。摔倒即不合格。每人两次机会，取最好成绩。

往返滑行

往返滑行评分标准	
50米 ×4往返滑行	6分

测试场地：柏油或塑胶场地。

测试方法：学生从起点出发，在50米处折返至起点，再重复一次上述过程。每人两次机会，取最好成绩。

北京市中小学生
滑冰运动技能等级标准

一、评定标准简介

滑冰运动的各个项目根据中小学生的身心特点分为1~6级。在相应的场地测试，完成该等级规定的全部内容，即达到相应等级。

二、评定内容

评定内容		1级	2级	3级	4级	5级	6级
滑行	前进行走	√					
	前画弧滑行		√				
	单蹬双滑行			√			
	左右交叉步				√		
	后画弧滑行				√		
	直线倒滑					√	
	倒滑左右交叉步					√	
制动	“T”字制动	√					
	“八”字制动		√	√			
	倒滑双脚内刃制动				√	√	
	左右侧身制动						√

三、等级标准与测试方法

测试场地与器材：40 米 ×20 米以上的室内外冰场，适合学生的相关滑冰器材。

（一）1 级标准

前进行走、“T”字制动

前进行走、“T”字制动评分标准	
前进行走、“T”字制动	6 分

测试方法：从起点正面前进行走 10 米。通过 10 米线后做“T”字制动。摔倒即不合格。每人两次机会，取最好成绩。

（二）2 级标准

前画弧滑行、“八”字制动

前画弧滑行、“八”字制动评分标准	
前画弧滑行、“八”字制动	6 分

测试方法：从起点出发，采用前画弧技术滑行 10 米。通过 10 米线后做“八”字制动。摔倒即不合格。每人两次机会，取最好成绩。

（三）3 级标准

单蹬双滑行、“八”字制动

单蹬双滑行、“八”字制动评分标准	
单蹬双滑行、“八”字制动	6 分

测试方法：从起点出发，采用单蹬双滑技术滑行 10 米。通过 10 米线后做“八”字制动。摔倒即不合格。每人两次机会，取最好成绩。

（四）4 级标准

左右交叉步行进

左右交叉步行进评分标准	
左右交叉步行进	6 分

测试方法：从起点出发，按规定路线滑行，每次转弯要利用交叉步滑行技术，最终滑至终点。起点、第一标志、第二标志、第三标志之间距离均为 3 米。摔倒即不合格。每人两次机会，取最好成绩。

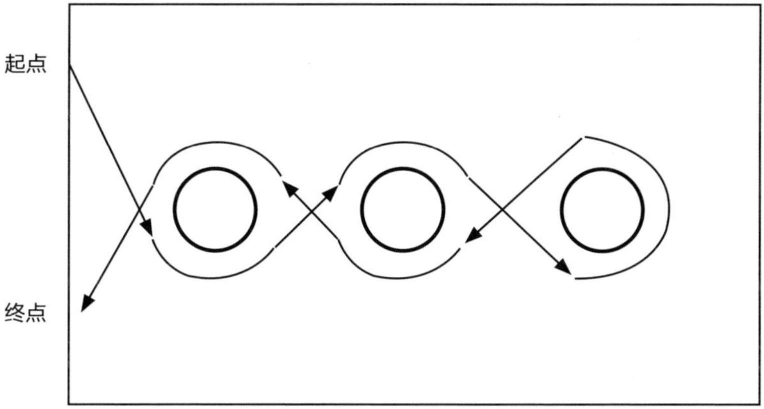

后画弧滑行、双脚内刃制动

后画弧滑行、倒滑双脚内刃制动评分标准	
后画弧滑行、倒滑双脚内刃制动	6 分

测试方法：从起点出发，采用后画弧技术倒滑 15 米。通过 15 米线后双脚内刃制动。摔倒即不合格。每人两次机会，取最好成绩。

（五）5级标准

直线倒滑、倒滑双脚内刃制动

直线倒滑、倒滑双脚内刃制动评分标准	
直线倒滑、倒滑双脚内刃制动	6分

测试方法：从起点出发，采用直线倒滑技术倒滑15米。通过15米线后双脚内刃制动。摔倒即不合格。每人两次机会，取最好成绩。

倒滑左右交叉步行进

倒滑左右交叉步评分标准	
倒滑左右交叉步	6分

测试方法：从起点出发，按规定路线滑行，每次转弯要采用交叉步滑行技术。摔倒即不合格。每人两次机会，取最好成绩。

（六）6级标准

左右侧身制动

左右侧身制动评分标准	
左右侧身制动	6分

测试方法：滑行3~5米，左右侧身制动。摔倒即不合格。每人两次机会，取最好成绩。

北京市中小学生
滑雪运动技能等级标准

一、评定标准简介

滑雪运动的各个项目根据中小学生的身心特点分为 1~5 级。在相应的场地测试，完成该等级规定的全部内容，即达到相应等级。

二、评定内容

评价内容	1 级	2 级	3 级	4 级	5 级
蹬冰式滑行 30 米	√				
八字登坡 20 米		√			
犁式制动		√			
犁式直滑降 50 米			√		
横滑降 50 米			√		
犁式转弯				√	
半犁式转弯				√	
平行转弯					√
平行制动					√

三、等级标准与测试方法

（一）1 级标准

蹬冰式滑行 30 米

蹬冰式滑行 30 米评分标准	
蹬冰式滑行 30 米	6 分

1. 测试场地与器材：平地雪道，长不少于 50 米，宽不少于 30 米，配备标志桶、滑雪器材。

2. 测试方法：学生站在起跑线后，听信号开始，滑行30米。任何一只雪板的前固定器通过终点线时即为合格（6分），摔倒即不合格。每人两次机会，取最好成绩。

（二）2 级标准

八字登坡 20 米

八字登坡 20 米评分标准	
八字登坡 20 米	6 分

1. 测试场地与器材：初级雪道，长不少于 50 米，宽不少于 30 米，平均坡度 10° 左右，配备标志桶、滑雪器材，两侧必须有安全隔离网。

2. 测试方法：学生站在起点后，听信号开始，八字登坡20米。任何一只雪板的前固定器通过终点线时即为合格（6分），摔倒即不合格。每人两次机会，取最好成绩。

犁式制动

犁式制动评分标准	
犁式制动	6 分

1. 测试场地与器材：初级雪道，长不少于 50 米，宽不少于 30 米，平均坡度 10° 左右，配备标志桶、滑雪器材，两侧必须有安全隔离网。

2. 测试方法：学生听到出发令后蹬冰式滑行 10 米后做犁式制动即为合格（6 分），摔倒即不合格。每人两次机会，取最好成绩。

（三）3 级标准

犁式直滑降 50 米

犁式直滑降 50 米评分标准	
犁式直滑降 50 米	6 分

1. 测试场地与器材：初级雪道，长不少于 50 米，宽不少于 30 米，平均坡度 10° 左右，配备标志桶、滑雪器材，两侧必须有安全隔离网。

2.测试方法：学生站在起点后，听信号开始，犁式直滑降50米通过终点。任何一只雪板的前固定器通过终点线时即为合格（6分），摔倒即不合格。每人两次机会，取最好成绩。

横滑降 50 米

横滑降 50 米评分标准	
横滑降 50 米	6 分

1. 测试场地与器材：初级雪道，长不少于 50 米，宽不少于 30 米，平均坡度 10° 左右，配备标志桶或旗门杆、滑雪器材，两侧必须有安全隔离网。

2. 测试方法：学生站在起点后，听信号开始，横滑降 50 米通过终点。任何一只雪板的前固定器通过终点线时即为合格（6 分），摔倒即不合格。每人两次机会，取最好成绩。

（四）四级标准

犁式转弯

犁式转弯评分标准	
犁式转弯	6 分

1. 测试场地与器材：初级雪道，长不少于 250 米，宽不少于 30 米，平均坡度 10° 左右；起点向前 25 米处、垂直向左 25 米处插旗，再向前 25 米处、垂直向右 25 米处插旗，以此类推，旗门数不少于 10 个；配备标志桶或旗门杆、滑雪器材。两侧必须有安全隔离网。

2. 测试方法：学生站在起点后，听信号开始，采用犁式技术依次绕过旗门通过终点，任何一只雪板的前固定器通过终点线时即为合格（6 分）。学生在绕旗门时，身体和器械碰触旗门将被判罚犯规，无成绩，摔倒即不合格。每人两次机会，取最好成绩。

半犁式转弯

半犁式转弯评分标准	
半犁式转弯	6分

1. 测试场地与器材：初级雪道，长不少于250米，宽不少于30米，平均坡度10° 左右；起点向前25米处、垂直向左25米处插旗，再向前25米处、垂直向右25米处插旗，以此类推，旗门数不少于10个；配备标志桶或旗门杆、滑雪器材。两侧必须有安全隔离网。

2. 测试方法：学生站在起点后，听信号开始，采用半犁式转弯技术依次绕过旗门通过终点。任何一只雪板的前固定器通过终点线时即为合格（6分）。学生在绕旗门时，身体和器械碰触旗门将被判罚犯规，无成绩，摔倒即不合格。每人两次机会，取最好成绩。

（五）5级标准

平行转弯

平行转弯评分标准	
平行转弯	6分

1. 测试场地与器材：初级雪道，长不少于250米，宽不少于30米，平均坡度10° 左右；起点向前25米处、垂直向左25米处插旗，再向前25米处、垂直向右25米处插旗，以此类推，旗门数不少于10个；配备标志桶或旗门杆、滑雪器材。两侧必须有安全隔离网。

2. 测试方法：学生站在起点后，听信号开始，采用平行转弯技术依次绕过旗门通过终点。任何一只雪板的前固定器通过终点线时即为合格（6分）。学生在绕旗门时，身体和器械碰触旗门将被判罚犯规，无成绩，摔倒即不合格。每人两次机会，取最好成绩。

平行制动

平行制动评分标准	
平行制动	6分

1. 测试场地与器材：初级雪道，长不少于30米，宽不少于20米，平均坡度10°左右，配备滑雪器材，两侧必须要有安全隔离网。

2. 测试方法：学生站在起点后，听信号开始，蹬冰式滑行10米后做平行制动即为合格（6分），摔倒即不合格。每人两次机会，取最好成绩。